CURSO BÁSICO DE
FORMAÇÃO TEOLÓGICA

Dados Internacionais de Catalogação na Publicação (CIP)
(Câmara Brasileira do Livro, SP, Brasil)

Zonta, José Ricardo
  Curso básico de formação teológica / Pe. José Ricardo Zonta. – Petrópolis, RJ : Vozes, 2018.

  Conteúdo : Ministros – Equipes de liturgia – Catequistas – Lideranças cristãs.
  Bibliografia.
  ISBN 978-85-326-5777-0

  1. Catequistas – Educação 2. Igreja Católica – Liturgia 3. Liderança cristã 4. Ministros do culto – Manuais, guias etc. 5. Teologia I. Título.

18-14559   CDD-264.36

Índices para catálogo sistemático:
1. Formação de ministros da Eucaristia : Igreja
Católica : Manuais   264.36

Pe. José Ricardo Zonta, CP

CURSO BÁSICO DE
FORMAÇÃO TEOLÓGICA

◊ Ministros
◊ Equipes de liturgia
◊ Catequistas
◊ Lideranças cristãs

Petrópolis

© 2018, Editora Vozes Ltda.
Rua Frei Luís, 100
25689-900 Petrópolis, RJ
www.vozes.com.br
Brasil

Todos os direitos reservados. Nenhuma parte desta obra poderá ser reproduzida ou transmitida por qualquer forma e/ou quaisquer meios (eletrônico ou mecânico, incluindo fotocópia e gravação) ou arquivada em qualquer sistema ou banco de dados sem permissão escrita da editora.

CONSELHO EDITORIAL

Diretor
Gilberto Gonçalves Garcia

Editores
Aline dos Santos Carneiro
Edrian Josué Pasini
Marilac Loraine Oleniki
Welder Lancieri Marchini

Conselheiros
Francisco Morás
Ludovico Garmus
Teobaldo Heidemann
Volney J. Berkenbrock

Secretário executivo
João Batista Kreuch

Editoração: Leonardo A.R.T. dos Santos
Diagramação: Sheilandre Desenv. Gráfico
Revisão gráfica: Fernando S.O. da Rocha
Fotos págs. 86 a 91: Arquivo/Cordis Paramentos e Objetos Litúrgicos
Capa: Felipe Souza | Aspectos

ISBN 978-85-326-5777-0

Editado conforme o novo acordo ortográfico.

Este livro foi composto e impresso pela Editora Vozes Ltda.

Sumário

Introdução, 7

I – Mistério revelado, 9

  1 A revelação de Deus na história – Manifestação e proposta de amor, 9

    1.1 Salvação para quem?, 12

  2 Noções importantes sobre a Palavra de Deus, 15

    2.1 Tradições presentes no Primeiro Testamento, 17

    2.2 Relação entre Palavra de Deus, Tradição e Magistério, 19

  3 Aliança entre Deus e a humanidade, 22

    3.1 A aliança enquanto obra do Deus misericordioso, 22

    3.2 A revelação esclarece que o "espírito da Lei" é a misericórdia, 23

  4 Na plenitude da revelação, Jesus manifestou a misericórdia do Pai, 27

    4.1 Jesus, com seus encontros e parábolas da misericórdia, 28

II – Mistério celebrado, 34

  1 Aspectos relevantes da *Sacrosanctum Concilium*, 34

  2 O ano litúrgico como escalada de misericórdia, 39

  3 O ano litúrgico, 43

    3.1 O significado do ano litúrgico, 43

    3.2 Ciclo do Natal, 45

    3.3 Tempo Comum, 48

    3.4 Ciclo da Páscoa, 49

  4 Itens importantes para a preparação das liturgias, 53

    4.1 Passos para a preparação da celebração, 57

  5 Eucaristia: celebrar para viver e viver para celebrar, 58

  6 Os ministros da Comunhão e as lideranças cristãs, no horizonte de Emaús, 62

  7 O domingo, dia do Senhor, 65

  8 O canto litúrgico e o cantar a liturgia, 69

    8.1 Os cantos na ação litúrgica, 70

III – Mistério simbolizado, 77

   1 O ser humano simbólico e o horizonte simbólico da liturgia, 77

   2 O espaço litúrgico: Lugar simbólico da majestade de Deus e da comunhão entre irmãos, 80

   3 Alfaias e símbolos litúrgicos, 85

IV – Mistério testemunhado, 94

   1 Uma Igreja da comunhão, 94

   2 Princípios que iluminam a vida eclesial, presentes na *Evangelii Gaudium*, 100

   3 A Igreja como sacramento da misericórdia divina e do cuidado, 104

   4 Chamados a dar razões da nossa esperança e fé, 105

   5 Instruções para o exercício do ministério extraordinário da Sagrada Comunhão, 108

   6 Orações que nos fortalecem na missão, 114

Referências, 119

Introdução

Esse livro é fruto de muitos cursos oferecidos para ministros extraordinários da Sagrada Comunhão e várias lideranças cristãs que atuam na pastoral litúrgica, na catequese, na evangelização, em muitas paróquias por onde passei ao longo de 16 anos de sacerdócio; mas também em outras, onde fui convidado a dar várias formações e pregar retiros espirituais.

Procuramos apresentar temas fundamentais para quem quer servir o altar e promover uma Igreja de comunhão. Devido à sua abrangência, este livro não é só para ministros. É um manual que ajuda a conhecer melhor a revelação, a nossa liturgia e o mistério que envolve a vida da Igreja. Entretanto, valorizando a formação dos ministros, que são em grande número, as paróquias poderão renovar a pastoral litúrgica e dinamizar a vida pastoral.

Os temas são trabalhados a partir de quatro eixos: o mistério revelado, o mistério celebrado, o mistério simbolizado e o mistério testemunhado. Assim, manifesta que ajudar na liturgia é propagar a revelação de Deus enquanto convite a uma aliança de amor; é atualizar o mistério pascal para que a Eucaristia edifique a Igreja; é mergulhar numa rica simbologia para experimentar a fé que professamos; é testemunhar uma luz que emana do altar e que nos compromete com um mistério credível, que pode sim renovar a face da terra.

Por que usamos a palavra mistério como título dos capítulos? Primeiro, porque ela está vinculada à ação sacramental, dando origem à palavra sacramento; segundo, porque fala de Deus, em si mesmo, que a todos envolve através da sua graça. Pastro (2008: 55) traduz a palavra mistério, derivada do grego *myo myxa*: Quando estávamos fechados para o raio de luz, Deus nos envolveu. O mistério santo (expressão de Rahner) é revelado, celebrado, simbolizado, testemunhado por meio da graça que toca a sensibilidade humana, despertando-a para o sentido da vida, a luz que vem do alto.

Ao final do IV capítulo, oferecemos algumas orientações práticas para os ministros extraordinários da Sagrada Comunhão, com base no que já vivenciamos em diferentes lugares e naquilo que pede a Igreja. Em seguida, algumas orações que podem colaborar na vida pessoal e nos encontros para estudo dos diferentes temas.

Esperamos que este curso nos ajude a celebrar para viver e a viver para celebrar: que a Eucaristia nos conduza à vida e a vida aponte sempre para o Cordeiro, o mistério pascal do qual fazemos memória, nos alimentamos e testemunhamos.

Inspirados no *Castelo interior* de Santa Teresa d'Ávila, escrevemos um poema. Nós o apresentamos agora para que nos motive a realizarmos mais do que um estudo; para que nos leve a perceber que o mistério de Deus deve ser ritualizado, amado, desejado, experimentado e respondido com liberdade e gratidão:

> Quão bondosa é a Majestade, faz jorrar água viva em nós
> Dilatando nosso coração, gosto eterno de libertação.
> Tudo, tudo, entregai para Ela, sem reservas, mostrai quem sois.
> Deus a vós pode dar muito mais, suavidade, quietude e paz!
> Borboleta, pombinha a voar, nossa alma com Deus quer ficar.
> No casulo do seu terno amor morra o verme: pecado traz dor!
> Nossa alma por tantas mercês fica inquieta, a desfalecer.
> Quanto mais se revela o Senhor, sofre sede extrema de amor.
> Vê-se como suspensa no ar, não encontra apoio ao pisar,
> É ao céu que deseja subir e nas fontes de Deus imergir!
> Mais e mais quer unir-se a Deus quem o tem como cerne da alma.
> À Trindade enfim se consagra, na aliança em Cristo firmada.

I
Mistério revelado

1 A revelação de Deus na história – Manifestação e proposta de amor

Hoje entendemos revelação como comunicação e não mais *depositum fidei* (depósito da fé). É a comunicação de Deus em si mesmo e do seu projeto para a humanidade. Deus se revela, objetivamente, para nos convidar à comunhão que existe nele (DV 2).

Deus se comunica para fazer o homem participar de sua intimidade. Quando Deus diz: eu sou verdade, amor, misericórdia, é porque Ele quer que o homem assim se assemelhe a Ele. Desta forma,

> Pela revelação divina quis Deus manifestar e comunicar-se a si mesmo e os decretos eternos da sua vontade a respeito da salvação dos homens, "para os fazer participar dos bens divinos, que superam absolutamente a capacidade da inteligência humana" (DV 6).

A criação realizada por Deus não foi um mero ato de produzir coisas, mas sim um expandir-se. Deus ama o que cria. Todo ser criado tem condições de participar da vida de Deus, porque é um ser – aberto, voltado para Ele.

Deus se comunica na história, "Ele se revela salvando e salva revelando". A revelação se dá por meio de evento e palavra (*gestis et verbis*). Deus revela a si e a seu evento salvífico sob a forma de acontecimentos históricos, a que uma palavra se refere, desvelando-lhe e explicitando o sentido.

A esses eventos, pontos de tempo privilegiados, formando uma série de fatos interligados numa visão unitária, que se constitui em salvação, damos o nome de história da salvação.

A revelação não se dá de forma linear. Ela acontece, como já foi dito, por meio de eventos (fatos) e palavras. À medida que experimentava Deus, Israel lia e interpretava a revelação.

Sendo experiência que se dá na história, a revelação de Deus pressupõe a natureza, as realidades de cada tempo, a situação de cada época, de cada povo em determinado momento, de cada pessoa nas suas diferentes fases de amadurecimento e conhecimento. Por isso, ela não é linear. Deus fala à humanidade a partir do seu contexto e não poderia ser diferente, pois somos pessoas situadas em tempo e espaço determinados.

A revelação se dá em três momentos, descritos também na constituição dogmática *Dei Verbum*, do Vaticano II, sobre a revelação, nos números 3-4. Vejamos:

- fase da promessa;
- fase da revelação;
- fase da consumação.

a) Fase da promessa: todos os acontecimentos são interpretados desde a criação, como sendo orientados para o bem da humanidade, de sua salvação e realização, por amor daquele que os fez. Deus nos criou para salvar-nos e toda a história do Povo de Deus revela essa verdade.

A criação, a aliança com Noé (primeira de outras tantas), o chamado de Abraão (pai da fé), a manifestação de Deus a Moisés (o conhecimento do seu nome: "Sou aquele que Sou". Apresentar o nome é dar-se a conhecer. A libertação promovida. As Tábuas da Lei). Todos esses eventos foram manifestando o rosto de Deus. Todavia, a aliança do Sinai é o cume de todos os eventos salvíficos que a precedem. A partir dessa aliança o povo lê o antes (criação, Abraão) e o depois (tribos, juízes, profetas, reinados...) de sua história. Pela aliança do Sinai, Israel passa a entender-se como o povo da promessa.

A aliança faz com que o povo se compreenda como propriedade de Deus: geração amada, esposada, para manifestar no mundo a misericórdia do seu Senhor.

Ainda na fase da promessa Deus já se manifestou como aquele que ama o ser humano acima de todas as suas obras. O Sl 8 nos lembra que Deus nos fez um pouco abaixo dos anjos, ou seja, quase do seu tamanho.

Como imagem e semelhança de Deus, os seres humanos são chamados a serem cuidadores do universo.

O Povo da Aliança deve adorar só o seu Deus, promover a justiça e a paz, abraçar a Lei de Deus como proposta de liberdade.

b) Fase da revelação: Só em Jesus Cristo temos a plenitude da revelação, compreendemos a "pedagogia divina". Deus realiza um caminho histórico para revelar todo o seu amor.

Respeitando a liberdade humana, o Senhor vai trabalhando no tempo e no espaço, até que o seu querer seja plenamente conhecido com a encarnação, vida, paixão, morte e ressurreição do seu Filho.

Deus não se esconde ao revelar-se. Ele se dá sem reservas, mas só o tempo fará com que os seus desígnios sejam aceitos e entendidos pela humanidade.

Assim, na plenitude dos tempos, Jesus Cristo torna-se a chave interpretativa para entendermos tudo o que veio antes dele e tudo o que virá depois dele (a missão da Igreja, a escatologia – o fim dos tempos). Todos os eventos depois de Cristo devem ser interpretados a partir do que Ele inaugurou.

Jesus é o mensageiro escatológico (está no princípio e no fim): por Ele tudo foi feito e para Ele tudo converge.

O Filho bem-amado do Pai, que veio coroar o que já foi dito no Primeiro Testamento, elucida o que de fundamental devemos saber sobre Deus: que Ele é amor; que nos ama incondicionalmente; que deseja a salvação de todos; que é o caminho para o céu e a nova humanidade, restaurada pelo mistério de amor, manifestado na cruz-ressurreição.

Em Jesus acontece a nova e eterna aliança. Não significa que Deus se esqueceu das outras alianças, mas que, em Jesus, elas são levadas à plenitude: a libertação do pecado, a nova criação, a salvação eterna, acontecem por meio de Jesus Cristo.

c) Fase da consumação: foi inaugurada com a morte e ressurreição de Jesus Cristo, e, por isso, está se processando até a escatologia final. Nós participamos dessa fase. Todo cristão batizado já vive na dinâmica da eternidade. Por isso, somos cidadãos do céu, vivemos como peregrinos e reconhecemos que o nosso reino não é desse mundo.

Pela morte e ressurreição, Deus inaugurou para nós, já nesse mundo, uma nova dinâmica que nos leva a viver no horizonte da eternidade. Assim, tudo que celebramos nos leva a edificar o Reino, porque somos cidadãos dos céus.

Nossas liturgias estão comprometidas com um mundo novo e fraterno, dado que vivemos para as obras da luz, para o tempo da graça, para a experiência do amor.

A fase da consumação é o tempo do Espírito, que atua na Igreja, para que a salvação dada em Cristo chegue a todos os povos.

A nova e eterna aliança, dada no amor e fundamentada no amor, é o principal testemunho da Igreja para edificar o Reino! Somos orientados nesse novo tempo, não tanto pela Lei, mas pelo espírito da Lei. Compreendemos, em Jesus, que a Lei foi feita para a pessoa e não a pessoa para a Lei. Nessa nova ordem é a luz do amor que tudo orienta, que tudo interpreta, que tudo constrói.

1.1 Salvação para quem?

A revelação se dá num lugar, espaço e tempo privilegiados, porque acontece na história. Mas a salvação é para todos. Enquanto a revelação não chegar a todos os povos e pessoas, precisamos entender que Deus encontrará formas de favorecer a salvação de todos. Jesus é necessário para a salvação, todavia, ninguém pode ser condenado se involuntariamente não ouviu falar dele. E, se voluntariamente alguém o recusa, ainda assim, como bons cristãos, devemos desejar de todo coração que Deus encontre uma forma de lhe salvar. A revelação manifesta que Jesus veio para salvar: "fui enviado para salvar, não para condenar" (Jo 3,17).

a) A salvação dada por Deus

O caráter da salvação é universal, mas a revelação se dá em um chão concreto, numa realidade específica, particular. Inclusive a revelação de Jesus Cristo deu-se num chão histórico e específico.

A salvação não está vinculada tanto a uma religião ou nação, mas à bondade e ao desígnio de Deus. Ele escolheu um povo para, por meio deste, falar a todas as nações. Deus fez nascer a Igreja para, por meio dela, comunicar a sua salvação a todas as criaturas. A Igreja, instrumento para propagar a salvação, é necessária. Todavia, a salvação vem de Deus. Ela oferece o que não lhe pertence porque assim decidiu o Senhor.

A salvação é antes de tudo dom, graça. Dom que está presente em todas as pessoas e religiões, quando estas vivem o amor, a justiça, a fraternidade. Porque "Deus é amor" e quem ama permanece, mesmo que não saiba, em Deus.

A salvação, então, está vinculada à prática da caridade, do amor fraterno. Todo aquele que ama de coração sincero e pratica a justiça será salvo, mesmo que não tenha a consciência de que é o espírito de Cristo que age nele.

A revelação pede que as pessoas se encontrem com Cristo, amem a Cristo, e, em Cristo, amem seus irmãos. Todavia, ela também afirma que, se elas se perderem, se extraviarem, gastarem a sua herança (vida e graça) com coisas supérfluas, Deus não se cansará de permanecer de braços abertos para dar-lhes a salvação, pois se alegra mais com uma ovelha que retorna do que com noventa e nove que já estão no redil. A missão da Igreja é sempre a de procurar a moeda perdida, varrer a sujeira do mundo, para que a valorosa salvação seja encontrada por todos (Lc 15).

Alguém pode ser condenado definitivamente? Sim, pois Deus nos fez livres. A nossa liberdade pode nos levar até a escolha do completo absurdo. Entretanto, não conseguimos medir até que ponto alguém pode, de verdade, livremente, desejar o inferno. Santo Agostinho afirmava: "se alguém deseja um mal é porque pensa ser bom, dado que ninguém quer o mal para si mesmo". É nessa perspectiva que precisamos esperar a salvação de todos, dado que um cristão jamais desejará a perdição de alguém. Se apenas Deus conhece o ser humano por dentro, precisamos deixar o julgamento para Ele. Até lá, o cristão, nascido da salvação ofertada na cruz, deseja de coração sincero a salvação de todos.

b) Revelação temática e a-temática

Toda pessoa pode comunicar-se com Deus, porque todo ser humano possui uma abertura para Deus (revelação a-temática). A revelação a-temática é para todos os povos. Todos podem perceber que não se bastam, que estão voltados para algo, "Alguém" que os transcende. As perguntas nos seres humanos se produzem até o infinito, porque a resposta, o sentido para a vida, está fora dos mesmos, como horizonte a atrair e envolver.

A capacidade de transcender é condição ofertada de graça por Deus. Não é produção da inteligência humana. Essa condição gratuita foi dada para que não nos bastássemos e percebêssemos que está fora de nós, em Cristo, a redenção e o sentido para a vida.

E assim existe a revelação temática, porque a revelação de Deus fez história (através de muitos eventos salvíficos e na plenitude dos tempos, em Jesus Cristo...), podemos tematizá-la.

A revelação temática é privilégio dos cristãos (privilégio para nós que acreditamos em Cristo), mas a revelação a-temática não. Esta é uma condição de possibilidade presente em todo ser humano, enquanto abertura para Deus.

A partir do dado da revelação (Jesus Cristo), nós acreditamos que Deus deu-se a conhecer não só de forma a-temática, mas de forma temática. Deus não só deu a possibilidade de o homem se transcender, mas de conhecê-lo como Ele é. Pois revelou-se historicamente por palavras e fatos. E fez-se conhecer plenamente, em Jesus Cristo. Ou seja, tudo o que devemos saber sobre Deus, já o sabemos. E não esperamos outra revelação pública, além daquela ocorrida em Jesus Cristo, antes da consumação dos tempos (DV 4).

c) Particularidade e universalidade da revelação

Tal problema pertence à historicidade da revelação: universalidade X particularidade. Ao querer ser Palavra de Deus para a salvação da humanidade, a revelação adquire um caráter universal. Mas no acontecer, na história, faz-se particular, evento.

A descoberta, na Modernidade, do particular, do irredutível, do individual, do outro, levou a considerar como particular a concepção da própria revelação e salvação até então vistas como universais. Como, diante destes fatos novos, justificar o caráter universal e absoluto da revelação?

O fundamento teológico da particularidade da revelação está na liberdade do amor de Deus. Ele pode (é livre) escolher alguns particulares (povos, pessoas, tempos, lugares) para revelar-se de modo privilegiado. Qualquer escolha na história tem de ser particular, já que se enquadra nas coordenadas de tempo e de espaço. Todos os intermediários da revelação foram particulares, inclusive Jesus. Falavam uma língua, tinham uma cultura, viviam em determinado momento, habitavam determinada região. As suas mensagens tinham sempre a particularidade desses condicionamentos pessoais, históricos, culturais.

É intenção salvífica de Deus, independente de que os seus intermediários tenham ou não consciência disso, que a salvação se destine a todos os seus filhos, criados no horizonte da salvação e redenção (teologias de São Paulo e São João).

d) Revelação cristã: universo do sagrado

De certa forma, tudo é sagrado, porque feito por mãos divinas, mas é um problema identificar o criado com o in-criado. Tudo é sagrado, mas tudo não é o sagrado.

As religiões cósmicas fecham os espaços da revelação na natureza. Mas a natureza não esgota o ser de Deus. Deus, como já foi dito, manifesta-se no mundo, na história, todavia, como o Senhor do mundo e da história.

As manifestações místicas e exotéricas muitas vezes são "estéreis e histéricas" de Deus, pois falam apenas da subjetividade de seus adeptos. Grupos buscam a Deus como uma energia cósmica, uma "poeira" presente em tudo, um sol que aquece, mas não compromete com a verdade evangélica.

Santo Inácio ensinou: devemos "ver Deus em tudo e ver tudo em Deus". Se vermos apenas Deus em tudo, vamos permanecer no superficial, divinizando coisas e pessoas. Por isso, a revelação nos ensina que é preciso ver tudo em Deus.

O universo do sagrado é subjetivo. A revelação cristã é objetiva. É fato consumado que Deus deu-se a conhecer plenamente na pessoa de Jesus Cristo. E só por meio dele podemos interpretar a história da humanidade antes e depois da sua encarnação, até a escatologia.

Sendo assim, as lideranças cristãs, especialmente os ministros extraordinários da Comunhão, são pessoas que servem à obra da salvação da humanidade e não da condenação das pessoas.

Iluminados pelo mistério da Eucaristia, os ministros tudo interpretam à luz de Cristo, vivem na dinâmica da eternidade, pois fazem parte da consumação dos tempos, inseridos na vida da Igreja.

Guiados por Jesus, os cristãos sabem que o amor está acima de tudo; por isso não julgam, não condenam, apenas orientam e amam, orientam para o amor e amam para orientar, sem excluir.

Cada liderança cristã procura tornar conhecido o seu Senhor, pois quem ama quer tornar conhecido o amado. Entretanto, sabe que isso é obra da graça e não tanto esforço pessoal.

2 Noções importantes sobre a Palavra de Deus

Bíblia

Palavra que deriva da língua grega. Significa vários livros, uma biblioteca. Contém 73 livros escritos em contextos muito diferentes. Por isso, uma das coisas mais importantes para interpretar bem um texto bíblico é saber em que contexto ele foi escrito.

Escritura

É aquilo que se guardou do evento, da manifestação divina, da experiência de Deus, enfim, o que foi registrado por escrito. Certamente não se pode ler as Escrituras ao pé da letra. É preciso buscar antes de tudo o que elas "ocultam", ou melhor, o que revelam por detrás de alegorias e mitos... "O povo aumenta, mas não inventa". É necessário ter em mente que o que se escreveu foi sempre menor do que a experiência que se fez. As palavras, por mais precisão que contenham, são apenas uma parte do evento que se provou; e são também as impressões de quem o provou. Com isso não desmerecemos as Sagradas Escrituras, dado que ficou o que Deus quis que permanecesse como revelação da sua vontade.

Palavra

Dizer que a Bíblia é Palavra de Deus está correto. Todavia, afirmar que somente ela é Palavra de Deus é um reducionismo. A Palavra de Deus é viva, ressoa na voz do seu Espírito em todas as culturas e povos. É Palavra de Deus o que o Espírito diz à Igreja: "Preste atenção ... Quem tem ouvidos ouça o que o Espírito diz às Igrejas" (Ap 2,5-7). Contudo, afirmamos que os textos bíblicos são Palavra de Deus, porque a inspiração é divina. O que os autores sagrados escreveram contém o estilo dos mesmos, mas a Palavra revelada vem de Deus, pela força do Espírito.

A Bíblia – especialmente os evangelhos – é normativa, enquanto revela uma mensagem salvífica, uma Palavra eterna que ilumina todos os povos, todos os tempos e todos os espaços de convivência humanos.

A Bíblia possui um sentido figurado (alegórico – tipológico) e espiritual, que fala para além do sentido literal. É por isso também que ela é atemporal e universal.

Para entendê-la é preciso ter em mente que a Bíblia é um livro de fé e não um livro científico. Galileu enfatizou que a Bíblia e o cristianismo ensinam como se vai ao céu e a ciência como vai o céu.

A biblista Rosana Pulga nos ensina que, na Escritura, precisamos distinguir o exato do verdadeiro. Muitas coisas não são exatas pela característica do texto, por ter passado por uma longa tradição oral onde quem conta um conto aumenta um ponto; todavia, não deixam de revelar uma verdade, por serem fruto da experiência de Israel com Deus.

Só conseguimos acolher o que agora foi dito quando tomamos consciência do processo de formação das Sagradas Escrituras.

Do século XVIII a.C. até o século X a.C. praticamente não há escritos do Primeiro Testamento. Surgem apenas alguns textos soltos. Este é o período dos patriarcas, do Êxodo, do deserto (Torá – Sinai), da ocupação da terra prometida.

Então cerca de 800/900 anos de vivência da fé foram conservados por via de tradição oral. "Como mãe, que gera seu filho na intimidade oculta, e, no entanto, lhe fala... Assim Deus agiu com o seu povo" (Carlos Mesters).

A Bíblia, praticamente, começou a ser escrita durante o reinado de Salomão, por volta do ano 950 a.C. O Primeiro Testamento ficou pronto no final do século I, ano 50 a.C.

É durante o reinado de Salomão, século X, que boa parte das tradições orais são registradas em rudes pergaminhos. Nesse contexto, a história dos patriarcas vai aparecer com os retoques do tempo de Salomão. Exemplo: Abraão rico não deve ter sido um fato. Quem registrou o caso "aumentou um ponto" para torná-lo mais agradável em tempos de reinado, de suntuosa monarquia.

O Novo Testamento foi concluído, provavelmente, em meados do século II; alguns afirmam no ano 135. Ele é a experiência dos primeiros cristãos que acolhem todo o Primeiro Testamento à luz do mistério de Cristo.

Pela paixão e ressurreição Deus recria o universo através do Verbo, faz nascer o povo da nova e eterna aliança. Esse povo é uma pequena porção de Israel que participa do processo no qual se compreende, a duras penas e crises, que a salvação, que a aliança de Deus, é para todas as raças e nações.

O povo da nova e eterna aliança se compreende como Igreja católica (universal), pois a mensagem do Evangelho deve ser conhecida por todos. A Igreja nasce no horizonte missionário, tendo a incumbência de dar a conhecer o mistério de Cristo. Ela reconhece a sua origem nas tradições judaicas e proclama que a aliança com Cristo possui algo de novo, sem esquecer que na nova aliança está incluída também a antiga. Ou seja, Deus levou à plenitude o que foi firmado na primeira aliança. A Igreja missionária é a Igreja que atua pela ação do Espírito de Cristo e sabe que o Espírito da Lei é o amor e a promoção da vida.

2.1 Tradições presentes no Primeiro Testamento

Javista: ligada à experiência do Sinai. Deus é acolhido dentro de uma forte visão antropomórfica – uma concepção humana. Deus é sempre nomeado Javé.

Eloísta: vinculada ao Horeb, de cunho livre-religioso. Deus é nomeado Eloim.

Deuteronomista: tinha como preocupação preservar o decálogo, propagar a aliança. Ela recebeu contornos do período monárquico.

Sacerdotal: sua colaboração mais importante foi reler a história de Israel no período do exílio. Preocupada em manter tradições, apresentar genealogias e propagar ritos de purificação. Por isso, o seu estilo é, às vezes, cansativo, enfadonho.

Essas tradições são como que braços de um único rio, a Palavra de Deus. Elas apresentam com contornos de cada época a história do povo da promessa. Por terem intenções, finalidades diferentes, às vezes dão a conhecer os mesmos fatos a partir de visões muito distintas.

Para perceber como as tradições estão presentes nas Escrituras basta analisarmos os dois relatos da criação. O primeiro (Gn 1,1–2,4a) de composição sacerdotal e escrito durante o exílio na Babilônia (586-538 a.C.). Os judeus tinham um calendário religioso de sete dias, proibido pelo imperador. Reler a criação nessa ótica era uma forma de preservar a história de Israel. O segundo relato (Gn 2,4b–25) foi elaborado no tempo do Rei Salomão (séc. X a.C.). Para os nômades do deserto, a terra seca era sinal da ausência de vida. A grande bênção é a água que fecunda o chão e dá origem à vida, ao ser humano. O Éden é o jardim de delícias fecundado pela chuva de bênçãos que desce dos céus, das mãos de Deus. A plenitude da vida consiste em viver harmoniosamente, sem se rebelar contra Deus ou sem pretender ser um "deus". A árvore da vida habita o jardim e o coração de quem não quer ser maior do que o seu criador, permanecendo, dele, totalmente dependente.

Gêneros literários

Na Bíblia encontramos nove gêneros literários: tratados religiosos; história popular; história descritiva; gênero didático; gênero profético; gênero apocalíptico; gênero poético; gênero jurídico; gênero epistolar.

As tradições orais, as narrativas de fatos importantes, os textos litúrgicos e poéticos, as leis e profecias ajudaram a conservar a história do Povo de Deus. Todavia, é sempre bom recordar que cada texto registrado possui um estilo próprio. Sendo assim, a título de exemplo, o texto litúrgico permite exageros, exaltando, louvando, sem a pretensão de descrever com precisão historiográfica:

Com efeito, para entender retamente o que o autor sagrado quis afirmar, deve ater-se convenientemente, quer aos modos nativos de sentir, dizer ou narrar em uso nos tempos do hagiógrafo, quer àqueles que costumam empregar-se frequentemente nas relações entre os homens de então (DV 12).

2.2 Relação entre Palavra de Deus, Tradição e Magistério

Como afirmamos anteriormente são Palavra de Deus as Sagradas Escrituras, todos os livros da Bíblia. Todavia, não somente. A Palavra de Deus é mais do que a Bíblia. Deus não falou e ficou mudo. Na força do seu Espírito, Ele continua a manifestar o mistério da sua vontade, atualizando o rico tesouro do Evangelho.

O problema quanto à Tradição surgiu quando da Reforma Protestante, com Lutero. Para ele só a Escritura (*sola Scriptura*) é necessária para conhecer a vontade de Deus[1]. Assim, Lutero esquecia que as Escrituras foram recebidas no seio de uma Tradição, no seio da Igreja. Nesse horizonte, Lutero legava à consciência individual, subjetiva, dos fiéis a interpretação da Palavra, sem necessidade de um intérprete que falasse em nome de toda a Igreja, desprezando com isso a Tradição apostólica dos concílios, o *sensos fidei* (aquilo que o conjunto dos fiéis sempre acreditou como verdade) e o ensinamento dos Santos Padres (os primeiros Pais da Igreja, que, em grande parte, foram mestres de espiritualidade e notáveis escritores).

Enquanto para os protestantes só a Escritura é necessária, nós católicos avaliamos que a Sagrada Escritura e a sagrada Tradição convergem, não divergem. Dentro da Igreja Católica sempre foi necessário um intérprete das Escrituras a fim de que os fiéis não se perdessem numa multiplicidade de reflexões desencontradas; esse intérprete é o Magistério.

O grande erro dos protestantes, e de Lutero, foi o de não perceber que as Escrituras foram acolhidas no seio de uma Tradição. Sem a aprovação de um "corpo eclesial", na pessoa dos sucessores dos apóstolos – os bispos –, não saberíamos quais livros são sagrados ou não. A Palavra de Deus recebida na história foi semeada dentro de uma Tradição, por esta preservada, por esta anunciada. É Franzelin que nos ensina: A Tradição precede as Escrituras, e só

---

1 O Concílio de Trento recusou o princípio "só a Escritura" pelos seguintes motivos: 1) que a Escritura seja a única norma de fé; 2) que interprete a si mesma; 3) que seja o juiz a que devemos recorrer em questões de fé (BELLOSO, 1999: 841).

no seio da Tradição as Escrituras ganham unicidade; caso contrário, poderiam permanecer como um conjunto de livros, sem um fio condutor (BOST, 2004: 1.742-1.749).

Nessa perspectiva, a Tradição não contradiz o que afirmam as Escrituras. Mantendo-se em consonância com a Palavra de Deus, ela preserva esse rico tesouro, acolhendo as moções do Espírito que podem fazer com que ela apresente outras verdades que não estejam em contradição com a Palavra, enquanto não estejam tão explícitas.

A grande revolução do pensamento moderno foi ver a Tradição não como um depósito estático da fé – a ser transmitido, mas como um corpo em movimento, que, "passando de mão em mão" (pelos sucessores dos apóstolos), chegou até nós sem evoluir (sem se transformar numa coisa totalmente diferente), mas sempre ampliando o horizonte.

Sendo assim, Tradição, Palavra de Deus e Magistério são realidades distintas na nossa Igreja, mas que convivem de forma harmônica. As Sagradas Escrituras, especialmente os evangelhos, são o tesouro mais importante da Tradição e que iluminam toda a vida da Igreja. Dentro da Tradição algumas verdades podem ser proclamadas, mas não sem embasamento bíblico.

Em nossa Igreja, para que não haja confusão na interpretação da Santa Palavra, existe um Magistério (os bispos, sucessores dos apóstolos) que, por meio de concílios, sínodos, documentos, reflexões, nos apresenta uma autêntica interpretação da revelação de Deus manifestada na Bíblia, para que a unidade da Igreja prevaleça.

A Tradição faz parte do patrimônio sagrado da fé. Mesmo não sendo Sagrada Escritura, não deixa ela também de conter uma mensagem divina. Ambas provêm de um único e mesmo Senhor. Sendo que as Escrituras recebidas no seio da Tradição resplandecem como um farol, uma bússola que tudo ilumina e direciona (a Sagrada Escritura é Palavra de Deus por excelência que interpreta a Tradição, mas que não anula a sagrada Tradição, porque, mesmo sendo Palavra revelada, é uma Palavra recebida no seio de uma Tradição que também a interpreta). Por isso, o Concílio Vaticano afirma:

> A sagrada Tradição, portanto, e a Sagrada Escritura estão intimamente unidas e compenetradas entre si. Com efeito, derivando ambas da mesma fonte divina, fazem como que uma coisa só e tendem ao mesmo fim. [...] A sagrada Tradição e a Sagrada Escritura constituem um só depósito sagrado da Palavra de Deus, confiado à Igreja; [...] (DV 9-10).

O Magistério discerne o que na Tradição possui um "T" maiúsculo[2], ou seja, o que são verdades reveladas para todos os tempos e lugares. É ele que estabelece a relação entre a Palavra escrita e a Tradição vivida ao longo da história eclesial. E ainda, é o Magistério que interpreta a Palavra à luz da Tradição, sem permitir que o seu sentido seja deturpado e que falsos intérpretes provoquem confusão na mente dos fiéis. Desta forma, o Magistério está a serviço da Palavra e da Tradição. Sob a guia das mesmas é que ele vivencia a sua função de ensinar, santificar e governar:

> [...] para que o Evangelho fosse permanentemente conservado íntegro e vivo na Igreja, os apóstolos deixaram os bispos como seus sucessores, entregando-lhes o seu próprio ofício de magistério. Portanto, esta sagrada Tradição e a Sagrada Escritura dos dois testamentos são como um espelho no qual a Igreja peregrina na terra contempla a Deus [...] (DV 7).

Nenhum ministro, nenhuma liderança religiosa, pode viver fora da comunhão com o Magistério da Igreja. Muito menos pode discordar das verdades reveladas, seja pelas Escrituras, seja pela Tradição; ambas interpretadas pelo Magistério. A transmissão da Tradição e da Palavra de Deus cabe a todos os fiéis; todavia, a interpretação autêntica cabe apenas ao Magistério da Igreja:

> [...] O encargo de interpretar autenticamente a Palavra de Deus escrita ou contida na Tradição foi confiado só ao magistério vivo da Igreja, cuja autoridade é exercida em nome de Jesus Cristo. Este magistério não está acima da Palavra de Deus, mas sim ao seu serviço, ensinando apenas o que foi transmitido, enquanto, por mandato divino e com a assistência do Espírito Santo [...] (DV 10).

---

2 Quando se fala de Tradição é preciso ter claro alguns pontos: primeiro, de que tradição estamos falando? Dado que a Tradição não é fácil de ser fixada como a Escritura que é interpretada segundo o contexto histórico, mas sempre em referimento a um texto (IZQUIERDO, 1997: 165). Segundo, é preciso distinguir a Tradição das várias tradições. Tradição com "T" maiúsculo faz referência à transmissão do "tesouro da fé" – ou *depositum fidei* – recebido de Deus pelos apóstolos e transmitido por meio da ação do Espírito Santo [que é acima de tudo o Evangelho, depois os concílios, o testemunho e a interpretação dos Santos Padres, o Magistério, os dogmas e o *sensus fidei*]. E tradição com "t" minúsculo que não obriga toda a Igreja a crer, pois são costumes, questões culturais, práticas religiosas de um determinado lugar. Terceiro, existem "[...] três elementos que juntos compõem o fenômeno da Tradição: o processo de transmitir, o conteúdo que é transmitido e os sujeitos da Tradição. No início da Tradição está a pessoa de Jesus de Nazaré, que convocou ao redor de si um grupo de discípulos e transmitiu a eles o seu próprio ensinamento para que o mantivessem íntegro e o comunicassem a todos os que acreditariam na pregação dos mesmos" (FISICHELLA, 2007: 214).

3 A aliança entre Deus e a humanidade

Pela fé testemunhamos que Deus é rico em misericórdia. Por isso, não podemos permanecer longe desse horizonte que transforma a face da terra e as relações humanas, dentro e fora da Igreja.

Sendo assim, nossas meditações nos ajudarão a reconhecer que Deus é misericórdia – amor permanente, por isso, eterno. À luz da Palavra de Deus a Igreja percebe que só se transforma numa mensagem credível para o mundo na medida em que opera, serve com e por amor.

Cada ministro extraordinário da Sagrada Comunhão cumpre a sua missão no horizonte da misericórdia.

3.1 A aliança enquanto obra do Deus misericordioso[3]

A aliança firmada no Sinai com o Povo de Deus, que implicou um sacrifício celebrado e um decálogo recebido[4]; a aliança levada à sua plenitude com a paixão e a ressurreição de Jesus, que implicou um sacrifício celebrado e participado misticamente através do Sacramento da Eucaristia e do mandamento novo do amor, por parte da Igreja (Jo 13–15), são provas contundentes de que a misericórdia é o selo garantidor de tais eventos salvíficos e libertadores.

Uma aliança realizada não entre pares (iguais) (GRILLI, 2000; RATZINGER, 2000) e mantida pela fidelidade de um Deus que, "não podendo negar a si mesmo, permanece imutável no amor" (2Tm 2,13), é a prova de que a misericórdia é o verdadeiro e mais convincente "espírito" da Lei.

Mesmo sabendo da fraqueza do seu povo, Deus tornou-se o fiador de uma aliança eterna. Ciente de que os seus servos romperiam inúmeras vezes a aliança, o Senhor das misericórdias permanece como um pai que supre a debilidade dos mesmos e ampara no tempo de fraqueza, restabelecendo para sempre, eternamente, o pacto quebrado. (Existe um princípio do direito eclesial que segue na mesma linha: *ecclesia supplet* – a Igreja, na sua totalidade, ou na comunhão dos santos, supre a debilidade de um ministro quando administra um sacramen-

---

3 "Quem procura na Escritura a palavra misericórdia não será decepcionado. Encontrará o termo em muitos lugares e situações diversas. Mas sempre há um núcleo comum na realidade indicada com misericórdia: uma bondade essencial, um envolvimento do coração, uma ternura que comove" (MATOS, 1997: 413).

4 1) Israel prepara-se para estar com Deus e recebe a Lei (Ex 19,1-25); 2) Deus concede as leis principais – o decálogo – (Ex 20,1-21); 3) Deus dá leis específicas (Ex 20,22–23,33); 4) Israel sela a aliança com Deus aceitando suas leis (Ex 24,1-18).

to de forma indevida. Ou seja, ela vem em socorro da fraqueza humana, quando esta se apresenta.)

Misericórdia é uma palavra que fala por si só: na língua latina *miserere cordis* significa ter piedade de coração, compadecer-se de coração. Acostumamo-nos a traduzir a palavra hebraica *hésèd – misericórdia*, simplesmente por amor. Mas originalmente ela significa um amor inabalável, capaz de durar para sempre, independente das circunstâncias.

Deus firmou a aliança com o sangue do Cordeiro, cumprindo de antemão a maior parte da cláusula do casamento, tomando para si as responsabilidades de uma aliança desigual, porque firmada entre quem é fiel e quem é débil por natureza. Na aliança que implicou a Lei, Deus mostrou que nenhum pecado superaria a sua fiel misericórdia; que nenhuma desobediência macularia a sua orientação na direção da salvação do seu povo; que nenhum descumprimento das regras e normas estabelecidas obscureceriam o princípio iluminador de toda a nova ordem constituída com a nova criação – por meio da sua eterna misericórdia.

Desde então, "onde abunda o pecado, superabunda a graça" (Rm 5,20), "onde o coração nos condena, somos chamados a recordar que Deus é maior do que o nosso coração" (1Jo 3,20). Na contemplação da aliança encontramos a misericórdia como base da nossa organização eclesial e sustentáculo da Nova Lei.

Sabedores de que, ainda que queira, Deus não espera que mudemos para nos amar, dado que "Ele deu a vida por nós quando ainda éramos pecadores" (Rm 5,8), cada ministro, cada líder cristão, é chamando a manifestar esse espetacular amor de Deus.

É ao "sacrifício de amor eterno" que cada ministro serve, que cada ministro adora, que cada liderança distribui na graça que envolve a Igreja e o mundo inteiro.

3.2 *A revelação* esclarece *que o "espírito da Lei" é a misericórdia*

Ao longo dos anos o eixo condutor, o princípio norteador da Lei de Deus foi ficando obscurecido devido ao grande número de normas e preceitos acrescentados ao decálogo (dez mandamentos).

Alguns preceitos religiosos foram surgindo e sendo incentivados mais para agradar aos sacerdotes e trazer benefícios para os mesmos ou para os reis do que para honrar o nome de Deus. Inúmeras vezes esses exageros foram denunciados pelos profetas. Alguns profetas chegaram a proclamar que o incenso oferecido no templo fazia mal a Deus (Is 1,13), causava uma espécie de "repugnância", pois o que de fato Ele pedia com insistência era a "misericórdia e não o sacrifício".

Ao longo dos anos perdeu-se o "espírito da Lei" e ficou-se com a prática sem "alma", sem espírito. Jesus inúmeras vezes recusou essa forma de observância da Lei. Ele, que veio dar pleno cumprimento à mesma, tentou mostrar que o importante é o espírito de cada lei e não tanto a lei em si mesma. A lei deve ser adaptável às situações contingenciais, pastorais. O espírito da lei é sempre a defesa da vida, que em cada período da história pode e deve ser adaptável.

Cada lei possui um núcleo fundamental, e esse não pode ser deturpado ou interpretado à revelia da Tradição da Igreja. Mas não é possível que olhemos o mundo como um neandertal, ou que olhemos para a Bíblia como pessoas que não estão no século XXI. Dos primeiros relatos escritos até hoje há uma distância de, no mínimo, 3.200 anos.

A questão da multiplicação excessiva das leis aparece nos evangelhos de uma forma não tão explícita. Existe uma passagem fundamental sobre essa temática. Um doutor da Lei, segundo o evangelista Mateus, perguntou a Jesus: "Mestre, qual é o maior dos mandamentos?" (Mt 22,34-41) ou, numa perspectiva lucana: "Mestre, o que farei para ter a vida eterna?" (Lc 18,18).

O doutor da Lei queria saber qual era o maior dos mandamentos, dado que eles foram tão multiplicados, desdobrados e, ao final, não se sabia mais o que era principal, primordial.

Por detrás daquela pergunta simplória escondia-se o seguinte: o decálogo foi multiplicado em 613 leis, sendo 365 proibições ou preceitos negativos, correspondendo aos dias do ano, e 248 preceitos positivos ou obras a fazer, correspondendo às partes do corpo (no imaginário de então o corpo era dividido nessa quantidade) (RAVASI, 1995: 136-152).

Aquele doutor da Lei devia ser uma pessoa inquieta, questionadora, um buscador fiel da verdade que liberta e salva. Sua pergunta não foi somente uma provocação para fazer Jesus cair numa armadilha, como tantos outros tentaram. Seu questionamento nasceu de um coração que de fato buscava a Deus e queria fazer o que lhe agradava.

Aquele homem ouviu de Jesus, o que desde o princípio foi ressaltado, mas de uma forma toda singular: "Escuta, Israel, um só é o seu Senhor. Amarás a Deus sobre todas as coisas" (Dt 5).

O amarás o próximo como a ti mesmo é algo que não está explícito de imediato no decálogo. Esse preceito aparece em Lv 19,18. Mas foi Jesus quem de certa forma equiparou o amor a Deus com o amor ao próximo, assim como afirmou João: "Não pode dizer que ama a Deus quem não ama seu irmão. Só quem ama conhece a Deus" (1Jo 4,7-21). O amor tornou-se assim o princípio norteador de toda espiritualidade cristã autêntica. Jesus ensinou que não é possível amar a Deus sem amar o próximo. E o amor ao próximo seria a maior expressão do amor para com Deus.

Para um ministro, uma liderança cristã, o amor a Deus e o amor ao próximo regem todos os mandamentos. Não é sem razão que na sequência do questionamento apresentado pelo doutor da Lei, no Evangelho de Lucas, aparece a belíssima passagem do bom samaritano, especificando o que de fato é ser religioso, fiel cumpridor da Lei segundo as Sagradas Escrituras: não um sacerdote ou um levita (ambos ocupados com as coisas do templo – e hoje poderíamos dizer, não um ministro, um catequista, uma liderança cristã) que passam ao lado do irmão que sofre sem socorrê-lo, mas um samaritano, que não sendo considerado da estirpe dos ditos "fiéis", para, se solidariza e cuida do irmão ferido. Não é por acaso que só no Primeiro Testamento a palavra hebraica misericórdia aparece cerca de 250 vezes (ECHARREN, 1990: 175).

Isso tudo propõe sérias reflexões para nós cristãos após dois milênios de existência. Parece que a multiplicação de preceitos não para, e o essencial se perde cada vez mais de vista. Se para os judeus eles chegaram a 613, para nós talvez já superaram os "mil e um".

Quantas pessoas impedidas de participar do banquete eucarístico, de batizar seus filhos, de receberem a absolvição dos pecados; quantos juízes a decretar quem pode e quem não pode se aproximar de Deus. Para esses bastaria a passagem do Evangelho assim intitulada "A mulher pecadora" (Lc 7,36ss.), na qual o fariseu, dono da casa, procura impedir a aproximação de uma pecadora da pessoa de Jesus. Mas Ele apenas elogia a atitude de ternura, de afeto e de desejo sincero, de ser recebida por Deus, demonstrada por aquela mulher. Aquele a quem muito foi perdoado ama muito (Lc 7,47). O que encantou Jesus naquela mulher foi a sua atitude acolhedora e amorosa. Ela, que não era tratada assim pelos outros, levava no coração o fundamental.

Quanta coisa a pergunta daquele doutor da Lei nos faz pensar? Qual é o maior mandamento? Jesus nunca deixou dúvidas sobre isso; aliás, sua obediência ao Pai e sua misericórdia para com os doentes, pobres, pecadores, os que destoavam do sistema religioso-sócio-cultural, foram: compreensão, paciência, ternura e compaixão.

A pedagogia de Jesus para chegar até o coração das pessoas era surpreendente. Mesmo quando elas não acolhiam sua proposta ele continuava a fitá-las com amor, como no caso daquele jovem rico que não quis abandonar os seus bens e doar tudo aos pobres, para depois segui-lo (Mc 10,21-22). Ou como no caso do cobrador de impostos: Jesus, ao passar por Mateus, o olhou com amor, e ele o seguiu deixando tudo para trás.

Para nós cristãos do III milênio quanto bem faz a pergunta daquele doutor da Lei. Insisto, a pergunta daquele doutor da Lei deve ecoar em nossas reuniões, assembleias, sínodos, concílios, planejamento pastoral, evangelização, serviço do altar. Aquela pergunta tem o poder de direcionar o nosso coração e mente para o fundamental: a misericórdia.

Agora me vem à mente as palavras do Evangelho quando uma mulher do meio da multidão gritou para Jesus: "Bem-aventurado o ventre que te gerou e o seio que te amamentou!" E Jesus respondeu: "Mais felizes são aqueles que ouvem a Palavra de Deus e a põem em prática, os que têm o nome escrito no céu" (Lc 11,27-28). De fato, felizes são os que têm o nome escrito no céu, pelo amor; os que sobem os degraus na direção de Deus, galgando a escada com compaixão e misericórdia.

Felizes os que amam! Sejam benditos os que não se perdem em questões secundárias, em práticas rituais que não condizem com a nossa fé cristã! Admirados e valorizados todos os que conhecem o cerne do cristianismo e da Lei, deixando os seus corações baterem na cadência do amor, dado que somente esses têm os seus nomes escritos no Livro da Vida, no céu.

Que adianta a um ministro aprender todas as tarefas referentes ao altar se essas não o levarem a amar mais, perdoar mais, santificar mais? Tudo o que um ministro realiza deve ser um hino ao amor. Caso não aja assim, é melhor que não sirva ao Cordeiro imolado por amor. Não é por concorrência ou por competição que um ministro serve, mas movido pela misericórdia do seu Senhor. Então, nada de multiplicarmos preceitos, esquecendo-nos do maior mandamento e do espírito da Lei.

4 Na plenitude da revelação, Jesus manifestou a misericórdia do Pai

Se a aliança firmada no Primeiro Testamento é uma expressão da misericórdia de Deus, a segunda aliança, estabelecida com o sacrifício de Jesus Cristo, outra coisa não é que a máxima expressão da misericórdia divina elevando à plenitude a primeira aliança.

Por sua encarnação, vivida no horizonte da paixão, Jesus testemunha que Deus é louco de amor pela humanidade, que a procura constantemente e que não descansará enquanto não estivermos todos "debaixo das suas asas", pois, cheio de zelo, Ele quer dar-nos o seu calor, a sua proteção e salvação (Lc 13,34).

Respeitando a liberdade humana e caminhando entre o seu povo com uma proposta clara – a do Reino de Deus – Jesus revela o seu programa de vida repleto de misericórdia: "anunciar a boa-nova aos pobres, sarar os contritos de coração, anunciar aos cativos a redenção, aos cegos a restauração da vista, pôr em liberdade os cativos, publicar o ano da graça do Senhor" (Lc 4,18-19)[5].

Jesus pronunciou muitas parábolas para mostrar-nos que a porta estreita do Reino é a da misericórdia. O "Evangelho da misericórdia", assim como foi classificado por muitos exegetas, o Evangelho de Lucas, nos mostra que Deus se preocupa com todas e com cada uma das ovelhas, alegrando-se mais com uma única que retorna ao redil depois de desviar-se do que com as noventa e nove ali confinadas, tamanha é a compaixão de Deus por quem se extravia (Lc 15,1-7). Nesse evangelho descobrimos que o Pai é misericordioso, que Ele se antecipa ao pecador, corre ao seu encontro, envolvendo-o na graça e na festa da reconciliação (Lc 15,11-32).

É também com Lucas que nós entendemos que uma autêntica espiritualidade está imbuída de cuidado, de compaixão. Quem ama não passa adiante sem tratar do irmão ferido. O rosto do amor se expressa na misericórdia que se compadece e cuida de quem ficou à beira do caminho, como no caso da Parábola do Bom Samaritano (Lc 10,25-37)[6]. Enfim, Jesus viveu uma vida de solidariedade,

---

5 "[...] Jesus a quem a Carta aos Hebreus [2,17] se refere como o sumo sacerdote compadecente é o ícone por excelência do "Pai das misericórdias e Deus de toda consolação" (2Cor 1,3). Nele a misericórdia divina se torna palpável e próxima do homem em sua temporalidade. Misericórdia é o princípio estruturante de sua vida; [...] o modo de viver e conviver do Filho de Deus é essencialmente misericordioso. [...] O Jesus histórico foi, de fato, um irmão misericordioso sempre próximo e solidário com os pequenos e últimos [...]" (MATOS, 1997: 414-415).

6 "Podemos decir que la mayor parte de la vida de Jesús fue práctica de la misericordia. Los milagros son una parte muy significativa de esa práctica; también entre las parábolas hay mucho de esta temática. Sobre todo, su pasión y muerte por nosotros son la prueba suprema de esse grande amor que Dios nos ha manifestado" (FRADES, 2002: 125).

ensinando-nos a não julgar, a procurar a salvação de todos observando a Lei, que outra coisa não quer além de "vida e vida em abundância" (Jo 10,10).

Pelas curas e milagres realizados no dia de sábado, Ele mostrou-nos que a Lei possui sim um "espírito", que é a defesa e a valorização da vida. A misericórdia é o coração da Lei divina. Sem ela nada tem sentido aos olhos de Deus: nenhum sacrifício, nenhuma prática ritual, nenhum serviço ou ministério tem valor aos olhos de Deus se não for vivido no horizonte da misericórdia e da compaixão.

Antes de partir deste mundo, Jesus promove uma ceia aos moldes daquela requerida pela Lei, para fazer memória da aliança de Deus com o seu povo. Porém, Ele assume a condição de "cordeiro" e oferece a sua carne e o seu sangue, para que tenhamos força ao atravessarmos o deserto da vida, tendo marcadas as portas do nosso coração com o sangue da sua misericórdia. Nessa mesma ceia, Ele oferece o mandamento novo do amor. Mostra que não há amor sem sacrifícios, sem a dor, sem a entrega de si mesmo. Ensina que o amor nos marca, mas sempre redime.

Jesus, antes de partir, ao enfatizar o amor e ao morrer por amor, manifesta que só o amor autêntico, rico em misericórdia e compaixão, pode dar sentido ao ser cristão. Só nele seremos reconhecidos como discípulos seus. O amor é a lei. No amor vivemos a nova e eterna aliança.

4.1 Jesus, com seus encontros e parábolas da misericórdia

Mais do que instruções, os evangelhos são experiências de encontros que revelam a eterna misericórdia de Deus. A encarnação já revela o amor visceral do nosso Deus que, livre e gratuitamente, decide unir a sua divindade à nossa humanidade, mostrando que esta última não lhe era estranha, nem desconhecida.

Após encontrar-se com a nossa humanidade no ventre de Maria, o Menino Deus encontra-se com João Batista, ungindo-o com o seu Espírito. Veio até nós para que nos encontrássemos na fraternidade e assim pudéssemos transmitir uma verdade fundamental: fomos feitos para os outros. Quando alguém vem até nós, ou quando vamos até alguém, como no caso do encontro de Maria e Isabel, percebemos que esse desejo de encontro manifesta um ponto de união, um vínculo de bênção – Deus a unir os corações das pessoas, para que sejamos um, no amor! O nosso ser é um apelo ao encontro. Quem reconhece isso está sempre interagindo e nunca passa pelo outro sem deixar uma marca, sem tocar o seu íntimo.

Para que os nossos encontros nos levassem a sentir a presença de Deus em nós e nos outros é que nosso Senhor assumiu a nossa carne! A partir da encarnação todo encontro pode celebrar esta graça: "Ele está no meio de nós!"

Queremos agora rezar alguns encontros e algumas atitudes de Jesus transbordantes de misericórdia.

Ao fazer-se um de nós, Jesus "curva-se", desce a uma condição com proporções até então inimagináveis! Ele tinha uma intenção, cobrir-nos com a sua misericórdia! Revestir a nossa humanidade com a sua ternura. Por isso, chama a nossa atenção *a cura da sogra de Pedro* (Lc 4,38-39). Ao encontrá-la no leito, com febre, Jesus curva-se, verga-se sobre ela. Esse é o mesmo movimento da encarnação. Deus nos cobre, nos reveste de amor, a fim de arrancar de nós todo tipo de "infecção", tudo o que altera a temperatura da nossa existência, a nossa condição sadia, porque não condiz com a nossa essência de pessoas criadas à imagem e semelhança de Deus.

Ao viver a sua missão, Jesus é interpelado por uma *mulher cananeia* (Mt 15,21ss.). Tal mulher quer ser reconhecida como pessoa, como filha de Deus. E assim, de alguma forma, ampliando a consciência histórica de Jesus, ela o ajuda a compreender que a sua missão era a de salvar a todos e não somente alguns. Ela diz que até os cachorrinhos comem as migalhas que caem da mesa de seus donos. Por isso, a sua filha também merecia viver, merecia participar do banquete da vida. Aquele encontro nos revela que Deus quer promover a vida de todos, Jesus veio para todos e nós não podemos excluir ninguém da nossa lista de missão, dado que todo cristão autêntico possui um desejo muito maior do que os seus gostos e simpatias: o desejo que todos se salvem, que todos conheçam a Cristo, que todos o amem e se encontrem no amor! A fé é sempre inclusiva, jamais exclusiva ou excludente.

Nesse horizonte, Jesus encontra-se com *uma mulher pecadora* (Jo 8,1ss.). Ele não a condena como pediam os que estavam ao seu redor (os letrados e fariseus). Ao contrário, Ele a enxerga como gente. Para os outros ela não tinha nome, para Jesus ela possuía o nome mais bonito de todos: filha de Deus! Enquanto alguns colocaram a adúltera no centro para destruí-la, Jesus a deixou no centro para dizer que as pessoas mais frágeis são as que merecem maior misericórdia, maior atenção. Nesse encontro, Jesus revela que somos todos pecadores; por isso só alguém que não tivesse pecado poderia até pensar em apedrejá-la. O único que não tinha pecado era nosso Senhor! E aqui está a beleza desse encontro, que é uma verdadeira lição de vida: Deus nos ama como somos. Ele não espera que mudemos para nos amar, ainda que nunca nos deixe de convocar à mudança: "Vai e não peques mais". Deus poderia nos aniquilar devido as nossas várias infidelidades, mas Ele sustenta a aliança porque nos ama gratuitamente. Ele sabe da nossa fraqueza e, devido a isso, tornou-se o fiador de uma aliança frágil, porque feita entre Ele (fiel) e a humanidade (pecadora)! Deus nos ama com um amor incondicional, que é para sempre. Assim, esse encontro nos desafia ao amor sem reservas, sem limites e retira a máscara soberba que nos leva a pensar que somos sempre melhores do que os outros, oferecendo-nos a possibilidade de entender que, se vemos mais longe, não é mérito nosso, mas unicamente pela misericórdia de Deus. Não devemos, portanto, condenar, mas acolher e compreender, pois o ver mais longe simplesmente nos compromete a ter compaixão de quem não possui essa graça. E o fato mais terrível desse relato é o seguinte: depois das palavras de Jesus, sem apedrejá-la, saíram um a um, a começar pelos mais velhos (v. 9). É impressionante como alguns envelhecem ao redor das pessoas feridas e injustiçadas, ao redor da Palavra de Deus, ao redor de Jesus, da Eucaristia, do altar, sem conseguirem amadurecer no amor. Muitos nas nossas comunidades amadurecem só na dimensão física, mas quase nada na dimensão espiritual e humana.

Jesus nunca se conformou com os processos sociais de descarte. Nunca viu as pessoas como objetos. Jamais nos ensinou que um ser humano só tem valor quando produz. Sempre se sensibilizou com a situação dos que ficavam à margem e dos que viviam divididos e deprimidos. Ao longo da sua missão, encontrou-se com *um homem que vivia no cemitério, deprimido, atormentado* (Lc 8,26ss.). Tamanha era a sua condição de pessoa marginalizada, que perdeu a condição de pessoa livre, vivia acorrentado. Alguém que não entra na dinâmica do saudável convívio social é alguém que não se sabe amado, que não se sabe gente, porque nunca experimentou o que de fato é ser acolhido. O encontro de Jesus com aquele homem atormentado que vivia no cemitério revela que a misericórdia de Deus precisa resgatar muitas pessoas presas a inúmeras situações de morte. Deus nos chamou para isso, então não recusemos a nossa missão de acolher as pessoas deprimidas e oprimidas. Nunca esqueçamos que só o amor nos torna livres. Sem ele, a nossa vida "cheira a morte" – falta de acolhida e aceitação "cheira a morte" – mata e deprime.

Mas aqui vale a pena fazer uma pausa para analisar os detalhes deste texto bíblico:

• Jesus está numa região além-fronteiras: desce para Gerasa. É o movimento da encarnação – descer para resgatar a todos, sem discriminar ninguém.

• Um homem endemoninhado, possuído pelo mal, vem ao seu encontro: ele estava nu, como Adão. Jesus é o novo Adão que reveste a nossa humanidade com misericórdia.

• O homem não morava em casa, ele morava nos túmulos do cemitério: ele perdeu o vínculo com a família, ficou deprimido, descaracterizou-se como ser humano, era um vivo-morto, um ser que não transmitia vida.

• Ao ver Jesus, o geraseno cai por terra e grita para que Ele se afaste. O homem com demônios pergunta: O que tens a ver comigo, Filho do Altíssimo? Aqui é travada a luta mais sublime entre o plenamente humano e o desumanizado.

• Jesus expulsa o espírito mau, que resiste. Jesus tem poder de expulsar o mal, a maldade que habita os corações humanos, para dar-nos misericórdia. Quando a pessoa se deixa dominar pela maldade, ela começa a pensar que não existe um outro estilo de vida possível. O mal acorrenta a nossa vida, mas Jesus pode libertar-nos, pode humanizar-nos. Muitas pessoas vivem como se Jesus não tivesse nada a ver com elas.

• O encontro com Jesus quebrou as cadeias, as correntes daquele homem. O encontro autêntico com Cristo sempre transforma a nossa vida. Quem diz ter encontrado o Senhor, mas não se converte, é um mentiroso. Por isso, o Papa Francisco enfatiza que o encontro com Cristo deve mudar a nossa vida: "quem se encontra com Cristo não pode continuar a ser a mesma pessoa".

• Ao final, o geraseno estava vestido e em pleno juízo. Todos ficaram admirados com isso. Todos ficam admirados quando Jesus modifica a nossa existência. Uma vida tocada por Jesus é uma vida revestida de graça, de equilíbrio. Não há mais violência, mas mansidão.

• Os gerasenos, ao verem a libertação promovida por Jesus, ficaram com medo. O medo de sermos diferentes impede que nos libertemos de muitos males. O receio de ser diferente pode paralisar e afastar Jesus da nossa vida.

• Jesus saiu daquele lugar, subindo na barca: Ele seguiu o seu caminho sobre o mar. O mar era o lugar onde viviam os demônios (segundo o imaginário antigo). Ou seja, Jesus navega sobre o mal com a sua bondade. Ele domina o mal. O mal está abaixo dele, porque é misericordioso. O mal só habita o coração de quem não é bom. Muitas vezes Jesus foi sacolejado pelo mal, mas nunca vencido. O seu antídoto sempre foi a misericórdia.

Se assim o podemos dizer, até dos demônios Ele teve compaixão, pois permitiu que eles fossem para onde queriam, para o mar.

• Depois de ter libertado o endemoninhado de Gerasa, confia-lhe esta missão: "Conta tudo o que o Senhor fez por ti e como teve misericórdia de ti" (Mc 5,19). Esta é a missão de quem foi libertado por Jesus.

Que a libertação do geraseno nos ajude a reconhecer que sempre é possível um novo olhar, uma nova postura, uma nova vida. O encontro com Cristo é a única via de libertação e renascimento, no horizonte da misericórdia.

O ministro da comunhão, as lideranças cristãs, encontram com muitas pessoas doentes no corpo, na alma, na mente. É preciso revelar o amor de Jesus a essas pessoas: parar para escutar; procurar o remédio (a hospedaria); colocar óleo (símbolo do nosso batismo), por isso colocar-se também no outro com o óleo; voltar muitas vezes até o pleno restabelecimento ou até que se cumpram os desígnios de Deus. A misericórdia para com os doentes é um dos maiores serviços do ministro, do cristão.

Somos pessoas pobres, dependentes de Deus e dos outros. Quando resgatamos alguém para o seguimento é que descobrimos a nossa essência: viver para procurar o que estava perdido. Nossa alegria é encontrar o que está perdido para nós e para os outros. E não há nada mais perdido, desaparecido em nossa vida que a misericórdia. Ela é a moeda que precisamos procurar todos os dias, chamando os vizinhos e as vizinhas para alegrarem-se conosco (Lc 15).

E aqui aproveito para fazer uma breve reflexão sobre *o chamado* (Mc 1,16-20; Lc 14,25-35; Jo 9,35ss.), seja o dos apóstolos, seja outros apresentados no Evangelho. Muitas vezes pensamos que o chamado de Jesus nos torna pessoas melhores do que as outras, gente especial, importante. O fato de sermos chamados, vocacionados ao discipulado, é algo de especial, mas não pode ser percebido como uma escolha de exclusividade, pois Deus nos escolheu para levarmos a seguinte boa-nova: o Senhor escolheu a todos e, através de nós, quer fazer com que esta escolha seja conhecida por todos. Portanto, não é um privilégio, mas um compromisso; não é um *status* de importância, mas uma missão.

O Papa Francisco, na sua bula sobre o Ano da Misericórdia, ao falar do chamado de Mateus (Mt 9,9), assim se expressou: "A própria vocação de Mateus se insere no horizonte da misericórdia. Ao passar diante do posto de cobrança dos impostos, os olhos de Jesus fixaram-se nos de Mateus. Era um olhar cheio de misericórdia que perdoava os pecados daquele homem e, vencendo as resistências dos outros discípulos, escolheu-o, a ele pecador e publicano, para se tornar um dos Doze. São Beda o Venerável, ao comentar esta cena do Evangelho, escreveu que Jesus olhou Mateus com amor misericordioso e escolheu-o: *miserando atque eligendo*. Sempre me causou impressão esta frase, a ponto de a tomar para meu lema".

Este também deve ser o nosso lema enquanto consagrados e consagradas, povo de Deus escolhido para um serviço ministerial: olhando com misericórdia, Jesus me escolheu. Não me escolheu porque sou melhor, nem maior, mas porque teve misericórdia de mim. E como o Senhor teve misericórdia de mim, quero viver a minha vocação e missão no horizonte da misericórdia. Olhando com misericórdia para mim, o Senhor me fez ministro seu.

Por fim, quero lembrar *a unção de Betânia* (Jo 12,1ss.), fato que ocorreu na vida de Jesus pouco antes da sua entrada em Jerusalém, para completar a sua obra de redenção. Jesus foi ungido, nos pés, com um perfume de nardo puro. Tendo os mesmos enxugados com os cabelos de Maria, que fez tal unção. O perfume se espalhou por toda a casa. Judas Iscariotes ficou irritado e disse que o valor daquele perfume caro deveria ser distribuído aos pobres. Jesus pediu que aquela mulher guardasse o perfume para o dia da sua sepultura.

O que aconteceu no dia da sepultura de Jesus? As mulheres foram ao túmulo e não encontraram o corpo. Assim, o perfume ficou nas mãos daquelas mulheres.

Nós também fomos ungidos com aquele perfume no dia do nosso batismo. O mesmo perfume de Cristo ficou impregnado na nossa alma para o exalarmos em nossa comunidade. Nós fomos sepultados pelo batismo em Cristo Jesus, para que em nós se manifeste o odor da sua eterna misericórdia (2Cor 3,3). Então, nunca nos esqueçamos da aliança, da pedagogia, da paciência e dos encontros de Jesus. Em tudo se realiza a misericórdia que nos envolve, nos seduz e dá sentido à nossa missão de ministros e de lideranças religiosas.

> De fato, somos o aroma de Cristo oferecido a Deus, para os que se salvam e para os que se perdem. [...] Demonstrais ser carta de Cristo, escrita não com tinta, mas com o Espírito do Deus vivo, não em tábuas de pedra, mas em corações de carne. Temos esta confiança em Deus, graças a Cristo. Nossa capacidade vem de Deus, que nos capacitou para administrar uma aliança nova (2Cor 2,15; 3,2-6a).

II
Mistério celebrado

1 Aspectos relevantes da *Sacrosanctum Concilium*

Foram muitos os movimentos que precederam o Vaticano II, visando a uma abertura da Igreja para as questões modernas relacionadas ao diálogo inter-religioso com as ciências, as novas organizações sociais, a valorização de todos os membros da Igreja, colocando o batismo como fundamento da eclesialidade, pois todos os ministérios decorrem dele e nenhum título está acima de "filho de Deus".

O movimento catequético e o litúrgico foram os mais fortes a antecederem o Vaticano II. O movimento litúrgico procurava, sobretudo, tornar as liturgias mais fáceis de serem compreendidas, experimentadas, por isso trabalhou para que as celebrações ocorressem na língua de cada povo, e os gestos, palavras, símbolos, cantos valorizassem a realidade cultural de cada país sem perder o vínculo de unidade com a Igreja.

Nesse horizonte, a *Sacrosanctun Concilium* foi o documento que acolheu o que o movimento litúrgico mais enfatizou. Veremos a seguir o que foi destacado nesse documento conciliar. Com isso não pretendo que você não leia o documento, mas apenas sintetizo o que ele apresenta. É um documento indispensável para quem quer conhecer a riqueza e a profundidade da liturgia num horizonte moderno e atual.

No *primeiro capítulo*, a *Sacrosanctum Concilium* enfatiza que a liturgia é a ação de Cristo na vida da Igreja (SC 5). Ele é o mediador entre Deus e a humanidade. Através do mistério pascal realizou a perfeita glorificação de Deus e a redenção da humanidade.

Do seu lado aberto pela lança fez nascer a Igreja como sacramento admirável.

Toda a liturgia cristã gira em torno do sacrifício de Cristo e dos sacramentos, dos quais a Igreja é anunciadora, propagando o Reino, continuando a missão de Jesus (SC 6).

A presença de Cristo é constante em todas as ações litúrgicas (SC 7): Na missa: tanto na pessoa do ministro ordenado quanto nas espécies eucarísticas. Nos sacramentos: pela sua força, de tal forma que, quando alguém batiza, é Cristo mesmo que batiza. Quando se leem as Escrituras na Igreja: é Ele mesmo quem fala. Quando a Igreja reza ou canta o ofício divino: onde dois ou mais estiverem reunidos, aí estou no meio deles (Mt 18,20). Em todas as ações litúrgicas, Deus é perfeitamente glorificado e a humanidade santificada.

Assim sendo, toda ação litúrgica é ação de Cristo sacerdote e do seu corpo, que é a Igreja. É a ação mais sagrada e a mais eficaz; nenhuma outra ação da Igreja se iguala à ação litúrgica em eficácia.

Mas a liturgia não é tudo (SC 8-9). Porque, para se celebrar eficazmente a liturgia, o cristão precisa primeiro ser evangelizado, precisa crer e precisa mudar de vida (conversão) (Mt 28,20).

Por isso a liturgia é cume e fonte: o ponto alto para onde converge toda a ação da Igreja e a fonte de onde brota toda a sua força (SC 10).

Nessa perspectiva, celebramos para viver e vivemos para celebrar: a liturgia nos incentiva a compartilharmos a mesma atitude filial para com o Pai, e a mesma atitude fraternal para com as pessoas, nos compromete com as verdades de fé que celebramos a fim de traduzirmos em atitudes de vida o mistério que nos envolve. O que se deseja é que o sacrifício de Cristo se torne o sacrifício de todo cristão em favor de um mundo novo.

Os fiéis devem celebrar sintonizando os seus corações com aquilo que escutam, dizem ou cantam para que a liturgia seja eficaz (SC 11). Dessa forma a liturgia quer favorecer uma espiritualidade não apenas celebrativa, mas de vivência comunitária.

Por força do batismo e pela própria natureza das celebrações, o povo cristão tem o direito e o dever de participar plena, consciente e ativamente das liturgias. Para tanto, é preciso favorecer uma adequada formação do povo e do clero (SC 14).

Justamente para que aconteça uma participação plena, consciente e ativa de todos é que os colaboradores, leitores, animadores e cantores devem fazer tudo e só aquilo que compete a eles (SC 29); mas também fazer somente aquilo para o qual tenham dom, habilidade.

Algumas partes favorecem a participação dos fiéis e não podem ser roubadas deles (SC 30): as aclamações, as respostas, as antífonas ou refrãos, os cantos, bem como as ações, os gestos, o porte do corpo, e sem esquecer-se dos momentos do sagrado silêncio.

Os cantos, as orações, os sinais sensíveis podem ser uma enorme oportunidade para os fiéis aprenderem ensinamentos (SC 33). Pois pelas liturgias a fé dos participantes se alimenta, suas mentes são despertadas para Deus, presta-se a Ele um culto racional e recebe-se a sua graça.

Os ritos litúrgicos são nobres porque são simples, transparentes e breves (SC 34). Assim, deve-se evitar repetições inúteis, explicações desnecessárias.

As Sagradas Escrituras são a fonte de inspiração para as orações, cantos e preces litúrgicas (SC 24). É dela também que os ritos litúrgicos tiram o seu significado e expressão simbólica. Elas são a fonte de onde nos alimentamos da Palavra divina, cantamos os salmos e fundamentamos as homilias.

A *Sacrosanctum Concilium* dedica uma especial atenção ao sagrado mistério da Eucaristia em seu *segundo capítulo*, e assim a descreve: é um presente do Esposo para a esposa (SC 47). Na última ceia nosso Salvador institui o sacrifício eucarístico do seu corpo e do seu sangue. E confiou à comunidade cristã o memorial (1Cor 11,24-25), isto é, a lembrança viva, capaz de tornar presente em todos os tempos e lugares o seu sacrifício para a salvação do mundo. É o sacramento da piedade, sinal da unidade e vínculo de caridade, segundo Santo Agostinho.

É por isso que os fiéis não podem se comportar nas celebrações eucarísticas nem como estranhos, nem como mudos espectadores (SC 48). Nelas – participando ativa, plena e conscientemente – eles são instruídos pela Palavra e alimentados pela mesa do corpo do Senhor, e aprendem a oferecer-se a si mesmos como Jesus eucarístico.

A mesa da Palavra deve ser bem-preparada para que esse tesouro enriqueça a vida dos fiéis (SC 51-53). A homilia, enquanto diálogo entre Deus e o seu povo, possui um enorme valor, pois, por meio dela, o Povo de Deus adquire um conhecimento atualizado da Palavra, dos mistérios da fé e uma luz para a vida cristã. É também a Palavra de Deus que nos conduz até o altar e é ela que elucida a grandeza da Eucaristia.

Os fiéis devem ser incentivados a participar da missa de maneira perfeita, recebendo na Santa Comunhão o seu Senhor (SC 55). A Eucaristia pode ser distribuída sob as duas espécies.

As duas grandes partes da missa, Liturgia da Palavra e Liturgia Eucarística, estão intimamente ligadas e formam um só e mesmo ato de culto (SC 56).

No *capítulo terceiro* o documento fala dos sacramentos e dos sacramentais.

Os sacramentos alimentam a vida cristã, ao mesmo passo que comprometem os fiéis com o Senhor que os sustenta e consagra: "Os sacramentos estão ordenados à santificação dos homens, à edificação do corpo de Cristo e, enfim, a prestar culto a Deus; como sinais, têm também a função de instruir. [...] Alimentam, fortalecem e exprimem a fé, por isso são chamados de sacramentos da fé (SC 59).

Os sacramentais são celebrações de bênçãos que santificam bens materiais e pessoas para o louvor de Deus e a comunhão plena na vida da Igreja. Eles existem para a edificação da Igreja, o culto a Deus e a santificação das pessoas (SC 60).

O *quarto capítulo* da *Sacrosanctum Concilium* fala do ofício divino (SC 83-84), um conjunto de orações, disposto conforme o tempo litúrgico ou a festa do dia, para santificar todo o dia a Deus, num constante louvor. Lembra-nos que devemos dar prioridade para as laudes e as vésperas (oração da manhã e do entardecer, SC 89).

Afirma que "a voz da esposa (Igreja) ressoa para o esposo (Cristo) quando este admirável ofício é religiosamente executado pelos sacerdotes, por outras pessoas especialmente delegadas e pelos fiéis unidos aos sacerdotes: "[...] é verdadeiramente a voz da esposa que fala com o Esposo, ou melhor, a oração que Cristo, unido ao seu corpo, eleva ao Pai" (SC 86).

A finalidade da liturgia das horas é a de louvar o Pai, santificar os vários momentos do dia e interceder pela salvação do mundo inteiro (SC 88). É o que nos ensina a Palavra de Deus: "Orai sem cessar" (1Ts 5,17), e o que Jesus disse: "Sem mim nada podeis fazer" (Jo 15,5).

O *quinto capítulo* destaca o ano litúrgico. Mostra que o objetivo maior do ano litúrgico é alimentar uma espiritualidade enraizada no mistério pascal. Nas várias etapas do ano litúrgico vivenciamos em profundidade todos os aspectos do mistério de Cristo e somos santificados para atualizar tal mistério.

Durante o ano litúrgico a Igreja faz memória da Mãe do Senhor, dos mártires e dos santos (SC 103-104). Maria esteve indissoluvelmente associada à ação libertadora do Filho e é a perfeita imagem daquilo que a Igreja deseja ser. Os santos e mártires são celebrados no dia em que nasceram para a eternidade. As festas dos santos celebram as maravilhas que Cristo opera em seus servos e servas.

Para que o ano litúrgico toque a vida dos fiéis, promova o esperado crescimento espiritual, eles devem se dedicar, quando requerido, aos exercícios piedosos tanto espirituais como corporais, a reflexões, orações, obras penitenciais e de misericórdia (SC 105).

O domingo, enquanto dia da ressurreição de Cristo, é o Dia do Senhor, dia por excelência de celebrarmos o mistério pascal: "Neste dia devem os fiéis reunir-se para participarem na Eucaristia e ouvirem a Palavra de Deus, e assim recordarem a paixão, ressurreição e glória do Senhor Jesus. [...] O domingo é, pois, o principal dia de festa a propor e inculcar no espírito dos fiéis [...]" (SC 106). O domingo tem primazia sobre todas as demais celebrações e os fiéis não devem negligenciar a participação da liturgia nesse dia.

O *capítulo sexto* fala da música sacra ou música litúrgica (SC 112-113). Afirma que o canto exprime com maior suavidade a oração. Favorece a comunhão entre as pessoas, o consenso dos corações. Oferece maior solenidade aos ritos sagrados, sobretudo quando conta com a participação ativa dos fiéis. Afirma que o canto gregoriano é o canto próprio da liturgia romana.

Os bispos e os demais pastores (SC 114) devem cuidar para que toda a comunidade participe cantando. O rico acervo do canto sagrado deve ser conservado e promovido. Sabendo-se que o autêntico canto litúrgico deve estar de acordo com a doutrina católica e ter a sua inspiração nas Sagradas Escrituras e nas fontes litúrgicas (SC 121).

O canto popular deve ser inteligentemente incentivado, aproveitado nas rezas, devoções e nas próprias celebrações litúrgicas (SC 118).

Os instrumentos musicais (SC 120) sejam adequados ao tempo litúrgico e condigam com a dignidade do templo. Favoreçam a edificação e participação dos fiéis, promovendo o esplendor dos ritos e elevando as mentes a Deus. É destacado o órgão de tubos.

O documento insiste na formação para a música instrumental e o canto, especialmente nos seminários e institutos religiosos.

Já o *capítulo sétimo* se ocupa da arte sacra e das sagradas alfaias. Enfatiza que o artista sacro quer expressar a infinita beleza de Deus. As obras de arte devem estar em sintonia com a liturgia católica, a instrução religiosa do povo, a devoção e a edificação dos fiéis (SC 122).

Não se deve confundir arte com luxo. A arte litúrgica visa à nobre beleza e não à mera suntuosidade (SC 124).

Toda arte aplicada às vestes, aos objetos e à construção dos templos deve ser também funcional, levando em conta as exigências das ações litúrgicas e o incentivo à participação dos fiéis (SC 123).

Precisamos lembrar que a veneração das sagradas imagens é um costume que deve ser mantido, mas com moderação e obedecendo à hierarquia que deve existir entre elas. E ainda: a disposição das imagens não deve induzir o povo ao erro, a uma interpretação distorcida da doutrina católica (SC 125).

2 O ano litúrgico como escalada de misericórdia

O ano litúrgico da Igreja é um *kairós* – o tempo de Deus, a nós ofertado a fim de alcançarmos a estatura de Cristo. Não participamos apenas de celebrações quando vivenciamos o ano litúrgico, nós nos associamos a Cristo no mistério de comunhão que é a Santíssima Trindade e a Igreja.

Nesse horizonte, o ano litúrgico marca a nossa vida atualizando para nós o mistério da salvação, a fim de que, no mundo, percebamos que a história tem um jeito, pois ela caminha para Cristo.

O ano litúrgico nos faz pensar que tudo se transforma, evolui para o Senhor. O universo é parturido, novamente, a cada liturgia bem-celebrada. Deus faz novas todas as coisas sempre que revivemos a história da salvação.

Caminhando para o Senhor, celebramos para viver e vivemos para celebrar. Celebramos para viver na certeza de que toda liturgia é um canal da graça a iluminar e promover o Reino da vida. Vivemos para celebrar, não por sermos adoradores alienados. Tudo ao contrário. Vivemos para celebrar por acreditarmos que a celebração tem o poder de ir além das portas da igreja, da comunidade. Sua eficácia está no fato de transformar os corações humanos pelo corpo e sangue do Senhor, pela Palavra libertadora que ouvimos e que não volta ao céu sem antes realizar o que profeticamente anuncia (Is 55,11).

Quando celebramos o mistério pascal de Cristo na perspectiva trinitária acontece o que se anuncia em Ezequiel: uma água brota do lado direito do templo (Ez 47,1ss.), a mesma água que jorrou do lado aberto de Cristo na cruz (Jo 19,34ss.), e escorre pela cidade, banhando ruas, famílias, casas, lugares de trabalho, situações desumanas... A liturgia que celebramos nos faz viver de um modo diferente, pois nos insere na dinâmica do eterno, do tempo *kairós*, em que a misericórdia alimenta a nossa fome de paz e de justiça.

Por isso, o ano litúrgico da Igreja não é e não pode ser um período de celebrações vazias, onde o mistério de Cristo pouco diz e quase nada ilumina da realidade humana. Ao contrário, as liturgias bem-celebradas trazem o mundo para o altar. No sacrifício de Jesus aprendemos a contemplar as nossas cidades como Cristo que contemplou Jerusalém do alto de um monte (Lc 13,34ss). Ele desejou ter aquela cidade sob a sua proteção, como a galinha tem seus pintainhos debaixo das suas asas. A liturgia nos move a este sentimento: uma compaixão tamanha pela realidade humana, que queremos cobri-la de misericórdia.

Assim sendo, nossas celebrações não são um espetáculo teatral, nem um *show* histérico que deseja promover euforia. Elas são o memorial de um sacrifício inquietante, que nos enche de alegria ao nos levar à comunhão com um Deus que é eterna misericórdia.

Um grande teólogo e cardeal da Igreja, sua eminência Gianfranco Ravasi, escreveu um artigo onde afirma: "o incenso não é uma droga, um entorpecente que nos acalma" (RAVASI, 1995: 136-152). O incenso é uma oferenda que conduz todas as nossas súplicas ao céu, especialmente o clamor do pobre e do excluído que se encontram longe do banquete da vida.

O incenso e a liturgia que não são capazes de levar até à presença de Deus a nossa existência e a nossa história não passam de uma fantasia religiosa e, como afirma o profeta, causam náuseas a Deus! Ele abomina uma oferenda, uma liturgia, que não nos comprometa com a sua misericórdia. Afinal, foi Ele quem disse: "Quero misericórdia e não sacrifícios!" E se oferecemos sacrifícios é para termos misericórdia. Sem essa intenção fundamental as nossas liturgias pouco ou nada valem. São sinos que tinem (fazem muito barulho), sem efetivar a caridade (o essencial que a fé nos pede).

O ano litúrgico se desdobra em dois grandes ciclos (Natal e Páscoa), em vários tempos litúrgicos (Advento, Natal, Quaresma, Páscoa, Tempo Comum e ainda as celebrações dos santos), para nos ajudar na peregrinação que fazemos rumo à Nova Terra Prometida: Cristo Senhor! São tempos e ciclos restauradores, renovadores, que nos ajudam a compreender que Cristo fez de nós um reino de sacerdotes, para Deus, seu Pai! (Ap 1,6). Ou seja, vivenciamos as liturgias no horizonte do oferecimento, do sacrifício em favor do mundo. O ideal que buscamos e que precisamos pôr em prática é o de não somente oferecermos o sacrifício de Cristo, mas de nos oferecermos com Cristo. E assim celebramos "a Páscoa de Cristo na páscoa da gente e a páscoa da gente na Páscoa de Cristo!" (Doc. 43).

A parte mais importante numa igreja é o altar, porque nele se renova o sacrifício de nosso Senhor. Ele simboliza Cristo, que se configurou como vítima e altar. Como é possível ser vítima e altar ao mesmo tempo? Como altar, Jesus esvaziou-se de si para acolher o mundo. Com uma confiança inabalável no Pai, Jesus foi firme como a rocha e cumpriu a sua missão de manifestar a plenitude da misericórdia de Deus. Como vítima, Jesus assumiu a condição de pecado, (2Cor 5,21), tomou sobre si os pecados do mundo, para santificar e salvar os pecadores. Ao celebrar o mistério de Cristo, todo cristão é chamado a ser altar e cordeiro. Ser pedra de confiança e sacrifício ofertado por misericórdia para que o mundo tenha mais vida, vida em Deus.

É por isso que toda liturgia eucarística ou da Palavra nos leva a comungar o mistério de Cristo para sermos, por meio dele, pão repartido, vida partilhada. É no pão consagrado que se funde o altar e o sacrifício.

Comungar o Senhor é lapidar o corpo, para que o corpo do Senhor dê sentido à nossa pessoa, criada não para viver para si, mas para viver para os outros. Comungar o Senhor é oferecer-se em sacrifício de misericórdia, para que a nossa existência penetre o céu e não apenas o átrio do templo (Hb 9,24-28). Comungar o Senhor no horizonte do ano litúrgico é deixar que a feliz expectativa do Senhor que vem, a encarnação do Senhor que veio, a paixão do Senhor que se compadece de nós, a ressurreição do Senhor que nos santifica, a missão do Senhor que nos motiva ao anúncio e testemunho do Evangelho e a santidade do Senhor que separa e preserva a Igreja do pecado e da morte nos ofereçam uma fé obediente, despojada e firme como a de nosso Senhor Jesus Cristo. Enfim, comungar o Senhor é participar do seu destino, sendo pão e sangue de misericórdia para o mundo.

Que possamos viver o mistério pascal no horizonte do trigo e da uva que se deixam triturar, esmagar, para se transformar em pão e vinho, em corpo e sangue do Senhor. Se a misericórdia de Deus não triturar, esmagar nosso orgulho, nossas vaidades, nossa visão restrita e viciada por nossos julgamentos parciais e implacáveis, nunca chegaremos ao ideal que nos propõe o ano litúrgico: o sacrifício da misericórdia e por misericórdia.

A Palavra de Deus nos provoca: "Senhor, quem entrará em vossa casa? Quem morará em vosso santuário? Quem tem mãos puras e inocente o coração.

Quem não se deixa levar pelo crime e promove a justiça" (Sl 14). Quem não se configura à misericórdia que nos santifica, nunca entrou no santuário feito não por mãos humanas – o coração de Deus. Nunca conheceu a Deus, muito menos provou a sua graça, porque nunca se nutriu do seu amor.

Sem passar pelo processo de ascese, de conversão que nos pede o ano litúrgico, corremos o risco de oferecer um incenso que não chega ao céu, que não toca o coração de Deus, porque nunca tocou o nosso coração, sendo apenas um ritual vazio, costumeiro e descompromissado.

O ano litúrgico ajuda a criar adoradores em espírito e verdade (Jo 4,23), que não buscam a Deus nessa ou naquela Igreja, nesse ou naquele padre, nesse ou naquele lugar, mas nesse e naquele mistério que leva à compaixão e à misericórdia.

No núcleo do mistério pascal encontram-se a paixão e a cruz do Senhor. Celebrando o mistério pascal de Cristo Jesus, o Senhor nos ensina que a fé pede renúncia, esvaziamento, doação, amor. O sacrifício de Cristo tem o poder de purificar o nosso olhar teológico, pois ele apresenta o núcleo do *kerygma*, presente no coração transpassado. Uma autêntica experiência de Deus só é possível para quem percorrer a estrada que ficou aberta no lado transpassado de Cristo e que nos conduz a Deus, assim como afirmou von Balthasar (1974: 88-90).

Quem se esvaziar e se dispuser a percorrer esta estrada vai encontrar um conhecimento novo, vai estabelecer uma relação nova com Deus que o tornará apto a dar razões da sua esperança. Quem se esposar de Cristo no mistério da cruz, assim como escreveu Teresa D'Ávila, vai tomar posse da nova aliança firmada não com sacrifícios de animais, mas na misericórdia, que pede a entrega de si mesmo.

Concluo, lembrando a luta de Jacó com Deus apresentada no livro de Gênesis: Jacó lutou com Deus a noite toda (Gn 32). Ele precisava ser convencido de que tinha errado, para refazer o seu caminho. Todavia, lutava, sem aceitar a correção. Sonha e vê uma escada ligando a terra ao céu. Anjos sobem e descem convidando-o a subir e se elevar à presença de Deus, tornando-se mais humano. Após a luta com Deus, marcado na coxa, ele ergue um altar e celebra acolhendo, com o sonho, uma mudança de mentalidade. Que as nossas liturgias nos ajudem a tocar o céu, mudando a nossa mentalidade e acolhendo as correções de Deus que nos tornam, verdadeiramente, misericordiosos.

Agora, passemos a compreender o mistério que celebramos ao longo do ano litúrgico, a fim de servirmos plena, ativa e conscientemente o altar.

3 O ano litúrgico

Definição: é o período em que a Igreja celebra os mistérios da nossa salvação, fazendo memória, ou seja, recordando e atualizando a Páscoa de nosso Senhor.

Ele é dividido em tempos, e cada tempo destaca um aspecto do mistério pascal: encarnação, missão, paixão, morte e ressurreição de nosso Senhor Jesus Cristo. Em todas as liturgias celebramos o mistério pascal totalmente descrito, mas em cada tempo destacamos apenas um aspecto desse mistério. Por exemplo: durante a Quaresma, a paixão e a morte.

Por isso a páscoa de Cristo é celebrada em três dimensões:

anualmente, na Semana Santa;

semanalmente, no domingo;

diariamente, em cada eucaristia.

O ano litúrgico começa no 1º domingo do Advento e termina no último sábado do Tempo Comum – (véspera do 1º domingo do Advento). Portanto, não segue o calendário civil, mas os mistérios da nossa fé, vinculados ao mistério de Cristo. Por isso, datas importantes podem acontecer em dias e até meses diferentes, de um ano para o outro. Exemplo: Semana Santa.

A Palavra de Deus ilumina todo ano litúrgico. Ele se estrutura em:

Ano A – Quando lemos com maior frequência o Evangelho de *São Mateus*.

Ano B – Quando tem maior destaque o Evangelho de *São Marcos*.

Ano C – Quando fica em evidência o Evangelho de *São Lucas*.

Já o Evangelho de *São João* está reservado mais para ocasiões especiais, festas e solenidades. É importante destacar que se alguém ler cotidianamente a liturgia do dia, ao final de três anos terá lido, praticamente, toda a Bíblia Sagrada.

3.1 O significado do ano litúrgico

Os tempos e festas que voltam a cada ano, com leituras relacionadas ao mistério que celebramos, os mesmos cantos e orações, *não é um monótono repetir-se de coisas*, mas uma representação sacramental do mistério de Cristo e da sua

Igreja, que ao desvelar-se na história nos seduz e nos convida a "sermos mais", num processo constante de conversão até o encontro definitivo com Deus[7].

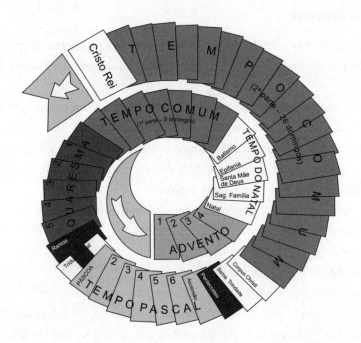

Como que num desdobramento, fazemos memória dos vários aspectos do único mistério de Jesus Cristo, ao longo do ano, com o *Ciclo do Natal*, o *Ciclo da Páscoa* e o *Tempo Comum*.

O ano litúrgico não é um simples calendário de dias e meses; não é um simples passar de um tempo ao outro. Cada tempo e cada celebração são portadores de um sentido que *pede toda a nossa atenção e nos conduz a uma vida nova*.

Assim sendo, o ano litúrgico promove um rasgo no ano civil para nos encher da graça, a fim de transbordarmos de amor no mundo. Celebramos para viver e vivemos para celebrar! Cada liturgia celebrada é uma oportunidade que Deus nos oferece a fim de santificar a nossa vida e a nossa história.

---

7 "A reforma litúrgica do Vaticano II concede um lugar importante ao ano litúrgico, que é objeto específico de um capítulo inteiro da constituição conciliar sobre a liturgia. Esse capítulo insiste na comemoração da história da salvação, centrada sobre a Páscoa, na celebração da Páscoa e dos domingos, no aspecto batismal e penitencial do ano litúrgico, na dependência do culto dos santos em relação à comemoração dos mistérios de Cristo" (GY, 2004: 140).

Como numa espiral vamos revisitando, a cada ano, o mistério de Cristo para crescermos como pessoas, através desse processo de aproximação. Se, com o passar dos anos, o calendário civil nos envelhece, com o passar dos tempos litúrgicos nos sentimos rejuvenescidos, renovados.

Adorar é o mesmo que trazer para perto da boca (*ad oris*). Ao fazermos memória pascal, comungamos do Senhor que oferece sentido a nossa vida. Ele enche os nossos lábios de canções e alegra os nossos corações ao nutrir-nos de esperança.

A memória que fazemos é perigosa e comprometedora, dado que recebemos o Crucificado que se ofereceu pela salvação do mundo.

Os dois grandes ciclos do ano litúrgico são: o *ciclo do natal* e o *ciclo pascal*. Eles são os dois grandes eixos em torno dos quais se constrói o calendário litúrgico da Igreja. Cada ciclo é formado por um tempo de preparação, de celebração e de prolongamento.

3.2 Ciclo do Natal

Faz memória da encarnação do Senhor enquanto manifestação salvadora. O Senhor assume a nossa história para redimi-la. Desde o princípio tudo foi criado pelo Verbo, para que o mundo não lhe fosse estranho quando da encarnação. O natural e o sobrenatural aparecem como realidades distintas, mas que acontecem conjuntamente, pelo desígnio redentor de Deus. A encarnação de Jesus acontece como comunicação do amor de Deus e em vista da nossa salvação.

Preparação	Celebração	Prolongamento
Tempo do Advento	Festas do Natal	Tempo do Natal

Tempo do Advento

Este tempo de preparação possui uma dupla característica:

• tempo de expectativa da segunda vinda do Cristo (primeiro e segundo domingos).

• tempo de preparação para as solenidades do Natal – primeira vinda do Filho de Deus entre os homens (terceiro e quarto domingos).

Constitui-se um tempo de piedosa e alegre expectativa (IGMR, 39); promove nossa conversão ao manifestar o amor de Deus, que para elevar-nos se abaixa até o nosso nível. A invocação mais importante desse período é "vem, Senhor Jesus", "vem nos libertar".

Início: 4 domingos antes do Natal.

Término: manhã do dia 24 de dezembro.

Cor: roxa, rósea no 3º domingo (domingo da alegria, *Gaudete*).

1º domingo (roxa)	2º domingo (roxa)	3º domingo (rósea)	4º domingo (roxa)

Principal símbolo: coroa do advento em quatro cores diferentes:

	Cor	Sentido
1º domingo	verde	Confiança que se expressa na esperança de que um dia nos encontraremos realmente com o Senhor. Deus tem em suas mãos a história da humanidade. Ele promove a fraternidade universal enquanto caminhamos para o Reino definitivo.
2º domingo	roxa	Conversão que se dá com o entendimento de que só teremos alegria no mundo quando as nossas armas forem transformadas em instrumentos de paz e justiça pelo Senhor que vem ao nosso encontro.
3º domingo	rósea	A aproximação da Festa do Natal faz a Igreja rejubilar de alegria para reviver o mistério da encarnação.
4º domingo	branca	O sim de Maria abre as portas do paraíso para os seres humanos. O Espírito que repousou sobre Maria faz a Igreja perceber que ela também pode gerar Cristo para o mundo em todos os tempos e lugares através do mesmo Espírito.

Ainda sobre a coroa do advento (prefiro esta perspectiva mais original e autêntica): Originalmente era uma coroa constituída com três velas roxas e uma rósea. As três velas roxas representam a conversão que se quer alcançar em vista da vinda do Senhor, e a rosa a proximidade do Natal. O verde representa a espera feliz da segunda vinda de Cristo e a esperança que a encarnação de Jesus trouxe para a humanidade. O vermelho (laços ou fita envolvendo a coroa nunca devem faltar) simboliza que o Menino que vai nascer derramará o seu sangue para nos salvar.

As músicas para esse tempo expressam o desejo de ver os céus se abrirem e descer à terra o salvador prometido. É um tempo de feliz espera e de esperança. Assim não pode faltar a invocação: "Vem, Senhor, vem nos salvar".

Personagens bíblicas em destaque: Isaías, João Batista e a Virgem Maria. É durante o Advento que a Igreja celebra a Solenidade da Imaculada Conceição de Maria.

Tempo do Natal

Nesse período a Igreja revive mistagogicamente a encarnação de Jesus. Ou seja, ela faz a experiência recordada por Santo Agostinho: se Maria é a Mãe de Jesus segundo a carne, segundo o Espírito toda a Igreja é responsável de manifestar Cristo ao mundo.

A Igreja celebra o processo de humanização que passa pela dinâmica da encarnação. O Senhor fez-se servo para divinizar-nos. Se quisermos nos tornar divinos devemos nos fazer servos uns dos outros. Esse processo da encarnação é humanizador à medida em que retira de nós o que não permite a alma ser leve para abraçar a realidade do outro, para envolver o outro com amor.

A revelação de Deus, ocorrida com a encarnação, plenifica uma mensagem que só pode ser compreendida no horizonte da misericórdia: Deus é o fiador de uma aliança desigual. Por amor, Ele nos envolve, amando-nos como somos, para que sejamos como Ele é.

Todas as famílias, todos os povos da terra proclamam a bondade de Deus que ancorou no tempo para marcar a nossa história com um sinal perene – eterno, de redenção.

Nascido entre palhas e num estábulo, o Senhor mostra que muito pouco precisamos para sermos felizes: uma família que nos ama, um coração desprendido. Recepcionado por animais, o Salvador nos deixa uma mensagem: no mundo teremos que conviver com muitas "feras", mas venceremos todas se soubermos permanecer firmes no amor.

Depois da Páscoa, o Natal é o tempo de maior destaque do calendário litúrgico (IGMR, 32).

Início: vigília do Natal, no dia 24 de dezembro.
Término: Festa do Batismo do Senhor (data móvel).
Cor: branca ou dourada.

FESTAS E SOLENIDADES DO TEMPO DO NATAL

Natal	Sagrada Família	Santa Mãe de Deus, Maria	Epifania	Batismo
25 de dezembro	domingo seguinte ao Natal	1º de janeiro	6 de janeiro ou no domingo entre 2 e 8 de janeiro	domingo depois do dia 6 de janeiro

As músicas litúrgicas para esse tempo expressam a alegria da encarnação do Senhor. Devem ser muito vibrantes e falarem da salvação que o Menino Deus veio nos trazer. O hino de louvor, um canto para o acendimento das velas e a aclamação do Evangelho devem ser alegres e envolventes. Nesse tempo, especialmente na noite de Natal, pode-se realizar uma celebração da luz! Os cantos não falam mais de espera, mas de realização, de festa pela chegada do Menino Deus: "Belém é aqui. Aqui é natal!"

3.3 Tempo Comum

Nesse período revivemos a missão de Jesus, dos discípulos e da Igreja na promoção do Reino. Acompanhamos com atenção os ensinamentos de Jesus e vivemos com empenho a profecia de um mundo novo, inaugurado pela missão de Jesus e o testemunho da Igreja.

Assim, o foco principal do Tempo Comum é a vida pública de Jesus, como realizou a sua missão pelo anúncio da Boa-nova, pelas atitudes de misericórdia, por sua entrega sem limites.

TEMPO COMUM

Período marcado pelo anúncio do Reino. A Palavra de Deus convoca a contemplar as maravilhas do Reino de Deus. É dividido em duas partes:

1ª parte
Início: segunda-feira após a Festa do Batismo de Jesus.
Término: terça-feira antes da Quarta-feira de Cinzas.

2ª parte

Início: segunda-feira após Pentecostes.

Término: sábado antes do 1º domingo do Advento.

Cor: verde (exceto festas e solenidades com cores próprias).

Não é um tempo sem graça e sem sabor, pois nele celebramos a alegria de sermos cristãos – Christóforos (*Christo – foro*, portador de Cristo), continuando a missão do Senhor.

As celebrações do Tempo Comum são orientadas pela alegria da Páscoa, que é a mãe de todas as celebrações. Tais celebrações reforçam a ideia de que não existe Igreja sem Cristo, assim como não existe Cristo sem a missão da Igreja (ao menos historicamente).

O anúncio da Igreja é necessário para a promoção do Reino. A missão de Jesus, confiada à sua Igreja, não pode ser negligenciada.

Destaque para este tempo recebem os assim chamados meses temáticos: vocações (agosto), bíblico (setembro), missões (outubro), dízimo etc. Nesses meses devemos ter o cuidado de perceber que não celebramos temas, mas o mistério de Cristo. É no mistério pascal de Cristo que rezamos tudo e não ao contrário. Ou seja, valorizamos a Bíblia no mês de setembro, porque Jesus lia e anunciava a Palavra, Ele é a Palavra. Rezamos pelas vocações porque Jesus nos ensinou que devemos rezar por essa causa, porque Ele revelou que Deus chama a todos, ama a todos, e enviou-nos a este mundo a fim de realizarmos uma missão específica. E assim sucessivamente.

Esse tempo alimenta em nós o desejo de sermos verdadeiras testemunhas do Senhor.

3.4 *Ciclo da Páscoa*

Este ciclo nos ajuda a perceber a íntima relação entre a paixão do Senhor e a sua ressurreição. Na sua paixão e morte encontramos os sinais latentes da vida nova que se dá no horizonte da entrega e da doação. Na sua ressurreição vemos os sinais da paixão que apontam para uma ressurreição que é a coroação do Amor crucificado, do Amor glorificado enquanto salvação em favor do mundo! É a luz do amor que afugenta as trevas, rompendo as correntes da morte e do pecado! Temos então vida na paixão e morte; paixão e morte na ressurreição.

Preparação	Celebração	Prolongamento
Tempo da Quaresma	Tríduo Pascal	Tempo da Páscoa

Tempo da Quaresma

Celebramos o caminho espiritual dos 40 anos do povo de Deus pelo deserto e os 40 dias de deserto vividos por Jesus, onde Ele jejuou, orou, venceu as tentações, preparando-se para a hora da sua glorificação, o momento da cruz, quando manifestaria todo amor de Deus.

A Quaresma é o período que recorda a fase transitória da vida. Estamos de passagem neste mundo. Se tivermos as portas dos nossos corações marcadas pelo sangue do Cordeiro chegaremos à nova terra prometida, ao lugar saudável do convívio fraterno, onde Cristo reina em nós e vivemos nele e para Ele.

Tempo de escuta da Palavra de Deus e de conversão, marcado pelo jejum, pela oração e pela caridade. Recordamos que somos ouvintes de uma Palavra eterna. É por ela e para ela que fomos criados. Quem silencia, acolhe essa Palavra viva e deixa que ela escreva a sua história com a tinta do Espírito.

A cruz é um itinerário de fé. Quem caminha ao encontro de Cristo, percorre necessariamente o seu coração trespassado, a fim de adquirir o seu amor. Toda espiritualidade autêntica visa a uma conformação com o seu Senhor, a atingir a sua magnânima estatura.

O itinerário quaresmal é um itinerário batismal: mergulhar no mistério da paixão e morte para renascer pelo esvaziamento das nossas vontades, pela entrega da nossa vida. Durante a Quaresma aprendemos que, "Com Cristo, nós somos outros crucificados"; "nossa vida presente na carne, devemos viver no Filho de Deus que nos amou e se entregou por nós".

Não é um tempo de tristeza. Nós nos contemos e nos recolhemos em silêncio para explodirmos de alegria na solene ressurreição.

No Tempo da Quaresma descobrimos que a vida da ressurreição não começa depois da morte, mas com a morte. É no morrer que desabrocha o novo. Por isso a cruz é salvadora em si, é redentora em si, é libertadora em si mesma.

Assim cantamos na solene celebração da paixão do Senhor: "Cruz fiel, árvore nobre, que flor e frutos nos dais. Árvore alguma se cobre, com as mesmas pompas reais. Lenho que o mundo recobre, ao homem Deus sustentais!"

Início: Quarta-feira de Cinzas.

Término: Quinta-feira Santa pela manhã (Missa do Crisma).

Cor: roxa – róseo no 4º domingo, mas é permitido manter o roxo.

Semana Santa: inicia com o domingo de Ramos – entrada triunfal de Jesus em Jerusalém.

1º domingo roxo	2º domingo roxo	3º domingo roxo	4º domingo róseo	5º domingo roxo	Domingo de Ramos vermelho

• A simbologia e a música, próprias do tempo, dão caráter de penitência e conversão, realçando o mistério da paixão e morte.

• Não se diz "Aleluia", não se canta o hino de louvor e não se coloca flores no presbitério.

• O toque dos instrumentos musicais deve ser moderado, apenas para sustentar o canto. Usar poucos instrumentos (preferência para o órgão, teclado, violão).

A Quaresma é caracterizada também pela Campanha da Fraternidade – desde 1964, dado que a paixão do Senhor é um apelo à solidariedade e à misericórdia.

Tríduo Pascal

O tríduo nos leva ao ponto máximo da Páscoa e da nossa vida de cristãos (IGMR, 18) que é a *ressurreição do Senhor*. É o centro de toda a vida da Igreja. Na liturgia, ocupa o primeiro lugar em ordem de grandeza.

Quinta-feira Santa	Sexta-feira Santa	Sábado Santo
Missa da Ceia do Senhor	Celebração da paixão e morte de Nosso Senhor Jesus Cristo	Vigília pascal
Instituição da Eucaristia e do sacerdócio ministerial		Solene anúncio da ressurreição do Senhor
Cor branca	Cor vermelha	Cor branca

A celebração mais importante é a vigília pascal – a Igreja espera velando a ressurreição de Cristo e a celebra nos sacramentos. É a "mãe de todas as vigílias", conforme Santo Agostinho.

Há uma íntima relação entre as liturgias deste tríduo. Uma conduz à outra até explodir de alegria com o contagiante anúncio da ressurreição. Deve-se perceber essa íntima relação para convocar os fiéis à participação de todas as celebrações. A Quinta-feira Santa (Eucaristia e serviço fraterno) leva a mergulhar no mar da entrega total do Senhor (paixão e morte) a fim de trazermos em nossos corpos as suas marcas, para vermos, também em nossos corpos, os efeitos contínuos da sua vitória (ressurreição).

As meditações, os cantos, os silêncios desses dias estão interligados como uma canção de notas muito altas e muito baixas, numa escala que contagia e envolve. Estes três dias formam uma única canção, por isso não podem ser vividos dissociados. É uma bela canção clássica que começa efusiva (Ceia do Senhor), desce ao quase total silêncio com notas quase inaudíveis, silenciosas (paixão e morte), para explodir numa escala misteriosa de envolvente esplendor (vigília pascal).

Tempo Pascal

Páscoa é passagem para uma nova vida, por isso não se dá muito valor ao aspecto penitencial, que foi tão realçado na Quaresma. Recordar constantemente o pecado de alguém é a forma mais aborrecedora de não lhe conceder uma chance para esquecê-lo.

O clima é de alegria: Jesus venceu a morte! Tempo de cantar a certeza de que foi inaugurado um novo tempo, um novo mundo, uma nova humanidade.

O Missal Romano nos lembra: "Os cinquenta dias entre o domingo da ressurreição e o domingo de Pentecostes sejam celebrados com alegria e exultação, como se fossem um só dia de festa, ou melhor, 'como um grande domingo'" (IGMR 22).

Contudo, o Tempo Pascal nos ajuda a compreender que a ressurreição acontece pela paixão e morte, com a paixão e morte, e não depois. É um processo de fazer desabrochar o que de melhor nos foi dado – o amor, que eclode na doação, na entrega total, no sacrifício em favor do outro.

Início: Domingo da ressurreição.

Término: Domingo de Pentecostes.

Cor: branca ou dourada (exceto Pentecostes, *vermelho*).

Oitava: A primeira semana da Páscoa é mais festiva (o hino de louvor é cantado durante os oito dias).

Páscoa	2º domingo	3º domingo	4º domingo	5º domingo	6º domingo	Ascensão	Pentecostes

• As flores são sinais de festa e de alegria.

• O círio é imagem do Ressuscitado no meio de nós. Deve estar sempre presente, enfeitado e em lugar de destaque.

• A água batismal permanece nesse tempo como lembrança do nosso batismo.

• O Aleluia é o canto da vitória do Cristo e da comunidade dos filhos de Deus (não é um canto que fala de ressurreição, mas de aclamação ao Senhor vitorioso que nos dirige a Palavra da salvação).

4 Itens importantes para a preparação das liturgias

Quem prepara as celebrações precisa prestar atenção a alguns passos para não incorrer em erros. Os passos que apresentaremos a seguir são simples, mas se não forem observados causam um verdadeiro desastre celebrativo. Acompanhemos então o que pode iluminar e promover belas e corretas liturgias.

1) Como afirmamos anteriormente, *em cada tempo litúrgico a Igreja destaca um aspecto do mistério pascal*. Ela celebra todo mistério pascal, mas destaca apenas um aspecto ou parte deste mistério. Isso é muito importante, caso contrário não chegamos a vivenciar em profundidade cada tempo e fazemos uma verdadeira salada de símbolos, mensagens e cantos, que, ao final, não transmite quase nada.

Então, a primeira coisa para se preparar uma liturgia é compreender que cada tempo tem um aspecto a ser destacado e tudo deve girar em torno desse único aspecto.

Assim sendo, durante o *Advento* destacamos *a feliz espera da vinda do Senhor e a preparação para o Natal*; durante o *Tempo do Natal* destacamos *a encarnação de Jesus*; durante o *Tempo Comum* destacamos *a vida pública de Jesus – sua missão e*, ao rezar a sua missão, refletimos sobre *a missão da Igreja*. No final do Tempo Comum (geralmente os últimos 5 domingos) rezamos também o fato de acreditarmos no tempo escatológico, quando Cristo será tudo em todos (assim como vamos terminando o ciclo do ano litúrgico, da mesma forma se encerrará o ciclo da vida que caminha para Deus, não para o fracasso e a morte); durante a *Quaresma* destacamos *a paixão e a morte do Senhor*; durante a *Páscoa* destacamos *a ressurreição do Senhor; nas festas dos santos e santas*, destacamos que tudo nos santos aponta para Deus e que é *Deus a fonte da santidade*.

2) Se em cada tempo litúrgico destacamos um aspecto do mistério pascal, é apenas esse aspecto que deve ser mencionado nos *comentários*. Se estamos celebrando a paixão e morte do Senhor, é somente disso que devemos falar, nada mais.

3) Muito importante para as liturgias é o *aspecto simbólico*. Se cada tempo litúrgico põe em relevo um aspecto do mistério pascal, também os símbolos devem falar apenas desse aspecto. Exemplo: durante a Páscoa – o círio (que deve ser proporcional ao tamanho da igreja, apresentando com arte o esplendor da ressurreição). Mas não somente o círio. As alfaias, toalhas, vasos sagrados devem ser os mais bonitos. As flores não podem faltar no Tempo Pascal (é possível arrumar uma igreja de forma digna, sublime, com poucas flores. É uma questão de aprendizado).

Em cada tempo litúrgico devemos evidenciar um ou dois símbolos que falam do aspecto que está sendo realçado. Exemplo: na Quaresma, destacar a cruz e o cartaz da Campanha da Fraternidade, ou, conforme o domingo, destacar a cruz e a água (de preferência, colocando a água junto à cruz). Durante o Tempo Comum, não esquecer que estamos celebrando a missão de Jesus. Nesse sentido, expor, a partir do Evangelho, um símbolo que fala dessa sua missão. E assim nos outros tempos.

4) *A homilia* não pode versar sobre temáticas que estão fora do horizonte apresentado em cada tempo litúrgico. No Tempo Pascal tem que falar de ressurreição. Por exemplo: o quinto domingo da Páscoa fala que o Filho foi glorificado quando foi ofertado na cruz. Sendo assim, a vida nova surge durante o dom da sua entrega. Sua entrega foi a maior obra de amor. Aquele que vive na dinâmica da ressurreição reconhece que a glória de Deus é manifestada no amor. É dessa glória que o cristão quer tomar parte. Por isso reconhece, como Pedro, que é preciso passar por muitos sacrifícios para entrar no Reino dos

céus. A Igreja que desceu dos céus é a Igreja que aprendeu que a escalada que conduz ao céu é a escalada do amor. Quem vive subindo na direção de Deus, quem já encontrou a porta do céu aberta, é aquele que entrou na dinâmica ressuscitadora do amar. Uma dinâmica sempre exigente e sempre vitoriosa. Só pelo amor podemos demonstrar a vida nova que o Ressuscitado nos deu. Só no amor adoramos o Cordeiro imolado, penhor da nossa salvação e da nova realidade que se estabelece no sangue ofertado sobre o altar e no altar do mundo. Como Igreja celeste, entramos em comunhão com o Cordeiro imolado e vitorioso, em cada liturgia, a fim de manifestarmos a sua vitória no mundo pelo amor e nos embriagarmos com o vinho da nova aliança – o sangue do Cordeiro que ama até o fim; sangue da Igreja que espera e opera no amor.

Se a homilia, nesse dia, for uma reflexão só sobre o amor sem falar de ressurreição, ela está equivocada. O amor é apresentado nessa liturgia como expressão de uma vida ressuscitada, uma vida existencialmente elevada. Ressurreição como algo que acontece agora, quando se ama.

5) *Os cantos* necessariamente devem estar ligados ao tempo litúrgico (especialmente nos tempos fortes – Advento, Natal, Quaresma e Páscoa). Nesses tempos eles devem falar do aspecto específico de cada tempo e não somente da mensagem do dia (no Tempo Comum eles podem apenas falar da mensagem do dia, pois, ainda que seja assim, dificilmente deixarão de falar da missão de Jesus). O que não acontece nos tempos fortes. Neles é necessário que se cante o aspecto que se destaca em cada tempo litúrgico.

Por exemplo, a temática do amor é muito ampla e inúmeros cantos a abordam. O Evangelho fala do amor, mas a liturgia não é sobre o amor apenas, ou o amor entendido em forma ampla. Ela apresenta o amor vinculado a um tempo litúrgico. Então, quando se proclama o Evangelho do amor na Quaresma (Jo 13), não é a mesma coisa que proclamar o Evangelho do amor na Páscoa. Por isso, o canto não pode ser o mesmo. Assim, na Quaresma podemos cantar "Ninguém te ama como eu" e na Páscoa podemos cantar "Por sua morte: o amor me amou e se entregou por mim, Jesus ressuscitou!"

6) *As preces* devem nascer daquilo que é apresentado nas leituras, especialmente no Evangelho, sem deixar de lado o aspecto do tempo litúrgico que está sendo destacado. Por exemplo:

Na Quaresma: Pela vossa paixão, ouvi-nos, Senhor.

ou: Pela tua paixão e morte, dá-nos vencer as tentações.

ou: Pela Santa Cruz, dá-nos misericórdia e compaixão.

Na Páscoa: Pela vossa ressurreição, resplandeça o dom do amor.

ou: Pela vossa ressurreição, dai-nos um mundo irmão.

ou: Escuta-nos, Senhor da glória.

No Tempo Comum: Que a missão do Senhor nos comprometa com o Reino.

ou: Para servirmos com amor, escuta-nos, Senhor.

ou: Para semearmos o bem, dá-nos teu Espírito.

No Advento: Vem, Senhor, vem nos salvar.

ou: Esperando a vossa chegada, permaneçamos vigilantes.

No Natal: Pela vossa encarnação, abençoai-nos com a vossa proteção.

ou: Pela vossa encarnação, santificai nossas famílias.

Nas festas dos santos: ó Deus santo, dai-nos o vosso Espírito.

ou: Tu que és a fonte da santidade, envolve-nos com tua bondade.

ou: Tu que és santo e forte, protege-nos até a morte.

ou: Vós que nos destes Maria por mãe, ouvi-nos.

7) *A saudável criatividade* deve acentuar o aspecto que está sendo realçado. É horrível quando a comunidade, por falta de criatividade, só faz a entronização do lecionário. Não devemos compreender as celebrações como um teatro. Apesar de terem coisas herdadas do teatro (época medieval), as celebrações não são peças teatrais.

A criatividade deve ser variada, caso contrário enjoa. Não é possível fazer a mesma entrada da Palavra durante o mês da Bíblia. É possível dinamizar o começo da celebração com o acendimento do círio ou das velas do altar; o ato penitencial; o hino de louvor; o silêncio antes da oração do dia; a entrada do Livro Sagrado; o salmo; a proclamação do Evangelho (sem prejuízo da sua compreensão e sem mudar as palavras); a homilia; a profissão de fé; as preces; a apresentação dos dons; o Pai-nosso; uma mensagem final bem dinâmica etc.

O que é preciso estar atento para criar? Não esquecer do tempo litúrgico e compreender bem o que cada parte da celebração quer expressar ou significar. Assim, as leituras querem transmitir a Palavra de Deus. Toda entronização do Livro Sagrado deve despertar a assembleia para a escuta da Palavra. Não é uma dança qualquer ou exibicionista. Não é uma dança para destacar uma criança ou uma pessoa. É um momento para convidar à escuta de Deus que nos dirige uma Palavra que salva. Durante a apresentação dos dons não se oferece o que é de Deus, por exemplo: a Bíblia, um crucifixo.

4.1 Passos para a preparação da celebração

Alguns passos são importantes para a preparação de uma liturgia; caso contrário, faremos apenas uma divisão de tarefas. A preparação da liturgia envolve vários aspectos que, se não forem vivenciados, promoverão uma celebração desencontrada e que não ajudará o Povo de Deus a rezar. Acompanhemos com atenção as importantes etapas de uma celebração litúrgica.

1) Invocar o Espírito Santo

Reconhecer que estamos a serviço do Senhor, na Igreja, e que o Espírito deve conduzir-nos. Caso contrário, nossa criatividade e sugestões podem apenas apresentar as nossas vontades, e não a de Deus.

2) Avaliar a celebração passada

A questão principal é esta: As pessoas rezaram, participaram, entraram no clima da celebração? Outras: E o aspecto a ser destacado em cada tempo litúrgico ficou evidente? O que prevaleceu foi um clima orante ou ruídos produzidos por desencontros e falta de atenção? Estamos em constante crescimento, por isso se faz necessário avaliar. Não é um momento para agredir quem, por algum motivo, errou. Mas é um espaço de correção fraterna para que haja crescimento.

3) Situar a celebração no tempo litúrgico e na vida da comunidade

Qual aspecto do mistério pascal deve ser destacado na liturgia que estamos preparando? O que vamos rezar da vida da nossa comunidade, do nosso país, do nosso mundo?

4) Escutar com atenção a Palavra

Ler com muita reverência a Palavra que está vinculada ao tempo litúrgico e que orienta as reflexões, preces e comentários do dia.

5) Exercício de criatividade

Deixar surgir, à luz da vida da comunidade, da Palavra e do tempo litúrgico, algumas ideias livremente. Não realizar mais do que duas, nem destacar mais do que dois símbolos – sempre ligados ao tempo litúrgico e à Palavra proclamada. Também falar um pouco dos cantos: sugestões que podem auxiliar os grupos de canto.

6) Distribuir as tarefas e ministérios

Cada um deve fazer aquilo e somente aquilo para o qual está preparado. Como afirma Cecília Meireles num de seus poemas: "Tudo está certo no seu lugar". Quem sabe proclamar a Palavra, que o faça; quem sabe cantar o salmo, que o faça; quem sabe tocar, que o faça etc.

7) Ensaiar o que foi escolhido como criatividade

Sem ensaio, até pequenos gestos podem ficar totalmente desencontrados. É preciso ensaiar as ações rituais para que a criatividade alcance o objetivo proposto. E não esquecer que aquelas ações normativas de cada liturgia também precisam ser muito bem ensaiadas repetidamente. Exemplo: a leitura dos comentários, a proclamação das leituras, do salmo etc. Muitos se dirigem à mesa da Palavra sem saber qual leitura vão proclamar, o que é uma tremenda falta de respeito para com a Palavra de Deus e a Igreja que deseja se alimentar dessa Palavra.

5 Eucaristia: celebrar para viver e viver para celebrar

Na mística cristã, a Eucaristia ocupa um lugar central, pois para ela converge toda a ação da Igreja, enquanto dela toda a Igreja se nutre. Toda celebração é um *kairós*, um tempo e lugar de manifestação de Deus.

Como sacrifício, a Eucaristia nos vincula diretamente ao mistério de Cristo crucificado, associando-nos ao destino do Senhor que se põe a serviço no lava-pés e nos doa seu corpo e sangue para que façamos a mesma coisa que Ele fez. O corpo que se reparte e o sangue que tira o pecado do mundo nos comprometem com a salvação de todos. Assim como o Senhor foi fiel até o extremo, por amor, da mesma forma somos chamados a amar até o fim, entregando nossos corpos e nosso sangue numa oblação agradável a Deus.

Se a mística cristã visa a renovar e atualizar a aliança com o nosso Deus, nada pode ter maior significado do que a comunhão que se estabelece com nosso Senhor, por meio da Eucaristia. Nela o céu e a terra se encontram, a humanidade e a divindade dão-se as mãos[8]. No sacrifício de Cristo, o ser humano acolhe sua identidade: somos apenas na relação fraterna; não fomos criados para nós mesmos; se vivemos é para o outro, com o outro e pelo outro.

Se a experiência bíblica é fundamentalmente a mística do casamento, nenhum outro sacramento pode ser mais propício para realçar essa experiência de Deus do que a Eucaristia. Por meio dela sentimos que Deus nos desposa na festa das núpcias do Cordeiro. Elevando o cálice de ação de graças, a Igreja louva o Deus que a santifica, mesmo que não haja mérito algum da sua parte. Celebrando a nova aliança a Igreja revive cotidianamente o mistério de Deus como único fiador, garantidor de uma aliança eterna. Por meio desse santo sacrifício ela prova a misericórdia e é confirmada como a Igreja da compaixão, sacramento de comunhão para o mundo. Aliás, a comunhão é o farol que ilumina a espiritualidade da Igreja.

Deus não quer doutores em liturgia simplesmente; ministros do altar, meramente. A Palavra condena os funcionários do sagrado. Deus nos quer dentro do "oceano" do seu amor-doação, por isso Ele se oferece na Eucaristia impulsionando-nos a sermos mais do que espectadores ou animadores, a sermos pessoas que experimentam o santo sacrifício como dom de recíproca entrega, como *pericorese* – interpenetração, nós em Deus e Deus em nós: "A história de Cristo com Deus e de Deus com Cristo se torna, mediante o Espírito, a história de Deus conosco e, desse modo, a nossa história com Deus" (Moltmann).

Nosso Deus é Trindade, é relação de amor, é comunhão. Nossas assembleias litúrgicas são constituídas em nome do Pai e do Filho e do Espírito Santo. No mistério pascal de Cristo reconhecemos a ação da Trindade, e o seu desígnio de, "em Cristo, reunir todas as coisas".

Nossas eucaristias são momentos privilegiados de estarmos com Cristo. Elas nos concedem a experiência ímpar de permanecermos nele, tendo como nossas as suas causas, fazendo das nossas vidas um espaço para o seu agir redentor que se prolonga na história por meio de sua Igreja: "Em Cristo a Igreja é o sacramento ou o sinal e instrumento da íntima união com Deus e da unidade de todo gênero humano" (LG 1).

---

8 "[...] No tempo do Espírito, que é o da Igreja, a eucaristia é o ponto focal para onde converge e se condensa toda presença divina, onde a união mística entre Deus e a criatura é patente, o mistério se torna visível e 'comível'. A eucaristia é como uma ferida na matéria, tocada pelo divino, tem em si já a marca indelével da glória. [...] Na eucaristia se verifica a comunhão de Deus com a criatura, é a máxima realização mística da união entre Deus e a pessoa humana [...]" (KAUFMANN, 1999: 493).

Em cada eucaristia ficamos maravilhados ao constatar que Deus colocou em mãos humanas as chaves do céu e da terra. Ficamos deslumbrados ao vermos que, para confiarmos inteiramente nele, para permanecermos nos braços de Deus Pai, Ele se colocou em nossas mãos, assumindo como sua a nossa vida, inserindo-nos na comunhão trinitária.

Pondo-nos em comunhão consigo, Cristo nos leva a experimentar que a Eucaristia faz de nós uma "carta de recomendação do nosso Deus, para ser reconhecida e lida por todos os homens. Carta escrita não com papel e tinta, mas com o Espírito do Deus vivo, não em tábuas de pedra, mas em tábuas de carne, nos corações!" (2Cor 3,2-3).

Deus nos conceda um olhar mais profundo, capaz de experienciar o mistério pascal como mistério de comunhão do amor de Deus para com a humanidade, da humanidade para com a humanidade – em Deus. Nessa perspectiva, possamos "celebrar a fé, na liturgia, como encontro com Deus e com os irmãos, como festa de comunhão eclesial, como fortalecimento em nosso peregrinar e como compromisso de nossa vida cristã" (DP 939). Que a glória da Trindade manifestada em nossas liturgias se estenda à nossa vida. Que todo o mundo se encha de sua glória, para que, no ser humano vivo (maior expressão da glória de Deus, segundo Santo Irineu – séc. II), Deus seja louvado (1Cor 15,28).

Nós que, após o Vaticano II, somos convocados a retornar às fontes primeiras da nossa fé, não podemos negligenciar a missão de tornar a vida eclesial (a começar pelas liturgias), em todas as suas perspectivas e estruturas, mais trinitária, numa verdadeira comunhão de dons. Liturgia e vida eclesial devem convergir numa mesma direção. A vida celebrada é também a celebração vivida.

A fé cristã, articulada ritualmente por meio de gestos e palavras, harmonizará a assembleia litúrgica que jamais se imaginará como corpo de Cristo separado da comunhão trinitária. Desta forma ela sentirá realmente que "Deus está no meio dela, fazendo-se ver face a face" (Nm 14,14), "armando sua tenda entre nós" (Jo 1,14), conduzindo a humanidade inteira para dentro do seu mistério de amor. Os fiéis se sentirão povo escolhido, nação santa, constituídos ao pé da "montanha do altar", para celebrar o sacrifício redentor de Cristo, vendo descer da "montanha o maná que conduz à vida eterna": "Eu sou o pão vivo descido do céu" (Jo 6,48-51a). Quando o povo é conduzido a fazer essa experiência, ele mesmo se torna a glória de Deus, e se santifica pela ação de graças que celebra. Sentindo-se em Deus, ele tem a alegria de cantar numa só voz, de colocar "tudo em comum" (At 2,44a), a fim de que a comunhão, a Eucaristia, seja participação da vida de Deus que se solidariza com a humanidade.

Sabendo-se que o mistério celebrado se estende à vida, e que a vida só tem sentido quando ordenada à celebração, é salutar que estas, mais e mais, enfatizem a relação de amor-comunhão que há em Deus. Isso levará a comunidade cristã a um compromisso com os dramas da humanidade, da sociedade, pois passará a perceber que ela tem como finalidade ser a expressão do que Deus é em si mesmo. Como diz Puebla: "A liturgia é o momento privilegiado de comunhão e participação para uma evangelização que conduz à libertação cristã integral, autêntica" (n. 895).

É por isso que Boff, ao propor uma Teologia da Libertação, enfatiza:

> A fé sem o ágape é morta (Tg 2,14-16; 1Cor 13,2), mas o ágape sem fé guarda ainda um sentido (Mt 25,31-46; Lc 10,25-37). Por conseguinte, a salvação pode ser independente da consciência, mas não da prática do ágape. [...] E mais: [...] o discurso teológico é compreensível somente em virtude da credibilidade da comunidade cristã (BOFF, 1978: 190-195).

A *Ecclesia de Trinitate* (Igreja da Trindade) (FORTE, 1985), proclamada pelo Concílio Vaticano II, nos impele a ser uma Igreja que se efetiva como "sacramento do Reino", como sendo Eucaristia, ela mesma, para os pobres e injustiçados do mundo.

Se vivermos para celebrar e celebrarmos para viver, numa perspectiva trinitária, certamente promoveremos uma ordem político-sócio-eclesial de comunhão e libertação. Não mais se verificará o que Puebla ressaltou: "A participação na liturgia não repercute de forma adequada no compromisso social dos cristãos" (n. 902).

A "ação de graças", Eucaristia, só se torna um louvor autêntico quando se estende à vida. Receber Jesus e não viver em Jesus é um tremendo contrassenso. O mistério comungado é também o mistério que transubstancia a realidade, pois a "carne e o sangue do Senhor" são vida para o mundo.

Feliz quem participa do banquete eucarístico e sente que foi comungado pelo seu Senhor, que foi envolvido na graça para ser dom! Mais à frente veremos que existe uma eclesiologia, uma concepção de Igreja vinculada estritamente ao mistério eucarístico.

6 Os ministros da Comunhão e as lideranças cristãs, no horizonte de Emaús

"Fica conosco, Senhor, pois a noite vai caindo" (Lc 24,29). Esse pedido dos discípulos de Emaús deve ser constante em nossas vidas. Quando o fazemos, ele reparte as Escrituras conosco, o nosso coração arde e podemos recebê-lo na eucaristia, tendo a certeza de que o Senhor nunca nos abandona.

A tristeza dos discípulos pode invadir também os nossos corações. E ela está presente muitas vezes em nossas vidas: quando sofremos uma injustiça, quando não entendemos os desígnios de Deus, quando nos sentimos incapazes ou temos medo, quando perdemos alguém que amamos, quando vivenciamos o peso da missão.

Só vencemos a tristeza caminhando. O ruim é desistir, é deixar-se vencer pelas dificuldades da vida. Mesmo tristes, com os nossos limites, nunca devemos parar de caminhar.

Um ministro, uma liderança, deve ser sempre um caminheiro. Mesmo que a estrada seja longa, que as dificuldades não acabem, que a tentação seja parar, os discípulos partilham a vida e encontram forças.

Quando estiver cansado, partilhe a vida. Quando se sentir desanimado, partilhe a vida. Quando a cruz for pesada, partilhe a vida. Não basta caminhar. É preciso caminhar com alguém. Toda loucura nasce da solidão, do fato de não termos comunhão com alguém.

A Eucaristia mostra, em primeiro lugar, que ninguém está só. No caminho, na nossa história, Alguém entrou, e esse Alguém faz a diferença, Ele é Cristo, o Senhor!

A intimidade com o Senhor faz o coração arder! O ministro sempre encontra em Deus uma força que o ampara. Da Eucaristia emana aquela graça que curou a mulher hemorroíssa, que sangrava há anos e que cura todos os que têm o coração ferido.

Um colaborador que se coloca diante do Santíssimo não sai sem uma palavra que aquece o coração. Nós somos felizes porque temos um Deus que não deixa a noite ser eterna na nossa vida. E se a noite chega, ela se torna clara como o dia, porque a Luz brilha em nós!

Quando comungamos, o Sol da Justiça vem visitar-nos. Ao vermos o pão repartir-se nas celebrações, os raios do sol nos atingem, o horizonte se amplia, os olhos se abrem, o coração arde de amor, o nosso ser se enche de razões para viver!

Assim, quando o Cordeiro se reparte, sentimos "erupções" do Sol-Cristo sobre o altar. Um raio intenso de luz nos atinge e percebemos que o nosso ser tem parte com Deus, que o corpo que comungamos é também o corpo que amamos e que queremos ser.

Não é um corpo *fitness*, é um corpo santo-separado, que transubstancia a matéria e transubstancia a nossa vida. É um corpo iluminado porque transborda de amor. E o amor é a única coisa que aumenta ao dar-se!

Acolher o Senhor no mistério da Eucaristia é também fracionar-se, tornando-se pão, dando gosto e sentido para a vida de alguém. O grão triturado para ser pão, o pão amassado para ser corpo, o pão repartido para dar salvação nos ensina que o mistério da paixão e morte é cheio de vida, o sacrifício da cruz é caminho de ressurreição!

A necessidade primeira dos seres humanos é a de comer. Todos temos fome existencial. A primeira fome que temos é a de sermos aceitos e acolhidos como somos. A Eucaristia nos dá esta certeza, pois Deus entra nos nossos corpos manchados pelo pecado, pelos dramas humanos, dizendo: eu te aceito, eu te amo, tu és meu!

Enganamo-nos quando pensamos que comemos o Senhor. É Ele que nos comunga, que nos seduz, que nos liberta do medo, que nos aceita como somos, quando o recebemos! Comungar é a maneira mais sublime de entrar no repouso de Deus, admirando-o e sendo admirado por Ele. É a atitude esponsal dos amantes que se dão um ao outro! Um dos convites à comunhão é este: "Felizes os convidados para as núpcias do Cordeiro". Recebendo e sendo recebidos pelo Senhor, revivemos a aliança eterna de amor que nos faz ministros – servidores do Reino.

Ao experimentarmos que estamos envolvidos em mistério de tamanha grandeza, nós sentimos um amor tão grande, ao sermos acolhidos gratuitamente, que a nossa grande missão passa a ser uma só: procurar de todas as formas que ninguém se sinta excluído do banquete da vida.

Este banquete que dá sentido ao sacrifício em favor da fraternidade, que afugenta o medo e a tristeza de nossa alma, que nos leva a perceber que a noite que vem não causa pavor àqueles com os quais o Senhor permanece.

O caminho de Emaús que conduz até a Eucaristia é bem o nosso caminho. Quem não passou por Ele ainda não compreendeu o mistério que celebramos.

A frustração dos discípulos é também a nossa frustração. A vida é cheia de desencantos. Só superamos os dramas cotidianos quando conversamos com o Senhor, no nosso caminho marcado pela angústia e os sofrimentos advindos das injustiças sociais e dos dramas existenciais que tantas vezes não entendemos. A Palavra que sai da boca de Deus esclarece fatos e aponta caminhos.

O banquete eucarístico alimenta a nossa esperança. O Senhor, vitorioso, nos coloca ao redor de uma fogueira, relembra os sacrifícios antigos, muitas vezes necessários, e nos aponta a fração do pão, a partilha de vida, como a chave que elucida o enigma da vida.

Guiados por Cristo, percebemos que é possível cantar em meio à fogueira das provações ou das incompreensões. O Senhor nos oferece o pão que abre os olhos e dá visão, entendimento, consolo.

A Eucaristia interpreta o mistério da vida e o mistério da Igreja. À sua luz, encontramos um sentido para afirmar: viver é repartir-se, é caminhar para o banquete eucarístico que nos oferece um coração que arde, que espera, que vive orientado para o céu, e que já o sente nas pequenas manifestações do Reino.

A visão errada de Jesus é também a frustração de muitos. Tantas vezes criamos a imagem de um Deus que nada tem a ver com o Jesus dos evangelhos e aí nos frustramos. O Jesus apresentado nos evangelhos é pobre, se solidariza com os pobres, luta pelo Reino, não aceita exclusão, morre por amor, sente o peso da missão, mas cumpre-a até o fim.

Jesus veio ao mundo para salvar a todos. Até o fim mostrou que o seu Reino não é o das armas, da violência, da autopromoção. Se esse Jesus não habita o nosso imaginário, dificilmente vamos compreender sua aparente impotência durante o mistério da cruz.

Uma luz se acende para os ministros e todas as lideranças que se colocam ao redor da "fogueira" do altar: há vida no sacrifício; há ressurreição no grão que aceita ir morrendo para fazer surgir o novo, a planta, o fruto. No pão repartido, o Cristo crucificado apresenta o fermento do amor, que nunca diminui ao ser repartido. Esconde-se nas espécies consagradas o fermento que devemos ser, o sabor que devemos ter.

Recebemos o pão sem o fermento da devassidão, para sermos o fermento da libertação. Enquanto fermento, misturamo-nos na massa, promovendo a fraternidade, mas sem querer privilégios, dado que o Senhor que adoramos e recebemos é o Deus servidor.

No pão sem sal descobrimos todo o sabor da vida, o encanto da existência. Ao dissolver-se inteiramente o sal cumpre a sua missão. Ao redor da mesa Eucarística descobrimos o valor de ser sem prestígio, destaque, esperando só de Deus a recompensa. Esse aparente fracasso é o que mais nos vincula a Cristo, pois de fato revela que somos cidadãos do céu.

Encontramos na Eucaristia sal-sabor-dissolvido-crucificado. Quem se reparte como Cristo torna-se sal, tem vida em abundância, alegria de viver, felicidade em fazer o outro feliz! O fermento e o sal do sacrifício da cruz, presentes na Eucaristia, são os sinais distintivos da vida cristã.

Por isso, a Eucaristia só pode ser recebida como alimento ressuscitador, celeste, divino. O pão da imortalidade dá sentido à nossa passagem pelo mundo, mostrando que só na eternidade chegaremos ao pleno gozo do que celebramos e acreditamos.

Toda vida cristã deve se alimentar da certeza de que a Eucaristia é o alimento da imortalidade. Só a ressurreição dá sentido às nossas renúncias e sacrifícios. Receber Jesus eucarístico é sentir que a mão de Deus nos alcançou e que nós já não temos do que lamentar, pois o nosso coração arde, a nossa vida se reparte e o céu se abriu para nós!

Quem vive no horizonte do céu está escondido em Deus e, quando Jesus aparecer na glória, aquele que se escondeu nele aparecerá gloriosamente com Ele! Hoje e sempre, o Senhor fica conosco para fazer arder o nosso coração ao transformar-nos em pão, fermento, sal da terra e luz do mundo! Pela Eucaristia nossos olhos e nossa mente se abriram; que nunca mais se fechem!

7 O domingo, dia do Senhor

Já faz algum tempo que a Igreja se preocupa com a visão moderna do domingo, vivido apenas como dia de lazer, descanso, festa e quase esquecido como dia do Senhor.

A correria da semana e a desvalorização do sagrado e das instituições fazem com que muitos cristãos cheguem ao domingo sem nenhuma vontade de ir à igreja. As propagandas dos meios de comunicação também apresentam esse dia sob o prisma da diversão. Muitos *shows*, promoções culturais, torneios, acontecem nesse dia. E o pior, são tantas pessoas que trabalham nesse dia numa escala quase desumana...

Temos ainda o agravante de que as cidades modernas não se orientam mais pelos sinos das torres das igrejas, mas por outros sinais que apresentam muitos desvios e novos caminhos.

Por esses e outros fatores é que se faz necessário recuperar o sentido espiritual do domingo, a fim de que ministros e Povo de Deus em geral deem devida atenção a esse dia.

O documento *Dies Domini* (n. 8) recorda que tudo começou a existir por meio de Jesus Cristo, e sem Ele nada foi criado (Jo 1,3). O Pai, que tudo criou por meio do Filho, recriou o universo através dele. O domingo, ao celebrar o mistério pascal de Cristo, é o dia por excelência da nova criação, pois foi nesse dia que o Senhor ressuscitou dos mortos. Pela encarnação, paixão, morte e ressurreição de Jesus Cristo o universo foi direcionado para o infinito, a eternidade, até que a obra da redenção seja plenamente finalizada, "quando Deus será tudo em todos" (1Cor 15,24.28). Participar da liturgia dominical é entrar na saudável dinâmica da recriação, que não aconteceu há muito tempo, mas que sempre acontece quando atualizamos o mistério pascal, ao celebrá-lo eucaristicamente.

Ao criar o céu e a terra (Gn 1,1) e tudo o que existe, Deus viu que tudo era bom (Gn 1,10.12). A grandeza da humanidade diante do todo criado fica evidente; todavia, a desobediência criou uma cisão entre o Deus bom e a obra boa. Deus precisava restabelecer a harmonia, e isso ocorreu no mistério pascal, quando a graça santificante foi restituída. Participar do domingo é experimentar que o vínculo entre Deus e a humanidade foi restituído pelo "sangue do Cordeiro" que foi aspergido em nossas vidas. A dinâmica da justificação, oferecida no mistério pascal, é atualizada na santa missa e, purificados das nossas faltas, nos tornamos embaixadores de um mundo reconciliado.

O Deus que sempre trabalha em favor da nossa salvação e do nosso bem-estar é exemplo tanto pelo trabalho quanto pelo repouso (Gn 2,2) que vivenciou após realizar a sua obra (DD 9-10). Enquanto exemplo de trabalho, Ele nos ensina a realizar tudo para o bem comum, para que haja ordem no universo. Já como exemplo de quem sabe descansar, Ele nos mostra que repousar é essencial para o equilíbrio. Entrar no repouso de Deus é o mesmo que aprender a contemplar o trabalho de nossas mãos, a obra da criação e da redenção ofertadas por Deus, em Deus. O domingo nos ajuda a perceber que tudo é graça, promovendo o repouso semanal que nos leva a entender o que significam as palavras de Jesus: "sem mim nada podeis fazer". O Papa Francisco, ao falar do repouso, nos ensina: "O repouso é uma ampliação do olhar que permite voltar a reconhecer os direitos dos outros. Assim o dia de descanso, cujo centro é a Eucaristia, difunde a sua luz sobre a semana inteira e encoraja-nos a assumir o cuidado da natureza e dos pobres" (LS 233-237). A autêntica espiritualidade feita de contemplação, admiração e comunhão se sabe vinculada ao cuidado da nossa "casa comum", como fruto de um coração que sabe repousar.

O repouso de Deus (*shabbat*), ressalta o documento *Dies Domini* (n. 11-12), não é uma inatividade, mas um repouso-admirador para lançar um olhar complacente e contemplativo sobre tudo o que Ele criou. O nosso repouso também serve para isso: entrar em comunhão com a obra da nossa redenção, contemplar o mistério que nos envolve, a fim de aprendermos a lançar um olhar complacente sobre o mundo e as pessoas.

Ao abençoar e santificar o sétimo dia (Gn 2,3), Deus separou esse dia para ser, entre todos, dia do Senhor. Por meio dele recordamos e atualizamos a bênção que repousa sobre todos os que sabem entrar no repouso, na intimidade de Deus (DD 13-15).

O mandamento antigo era: "recorda-te do dia de sábado, para o santificares" (Ex 20,8). Santificar é o mesmo que separar. Desta forma, recordar do sábado é separar o sábado para o Senhor. Quem separa o dia do Senhor o honra, o louva, o celebra. Repousa no Senhor e sente as suas forças serem restauradas para continuar o seu caminho de fé.

Todavia, como ocorreu a passagem do sábado para o domingo? "De fato, o mistério pascal de Cristo constitui a revelação plena do mistério das origens, o cume da história da salvação e a antecipação do cumprimento escatológico do mundo. Aquilo que Deus realizou na criação e o que fez pelo seu povo no Êxodo, encontrou na morte e ressurreição de Cristo o seu cumprimento, embora este tenha a sua expressão definitiva apenas com a vinda gloriosa de Cristo. Do sábado, passa-se ao primeiro dia depois do sábado, do sétimo dia passa-se ao primeiro dia: o *dies Domini* torna-se o *dies Christi*!" (DD 18).

Pouco a pouco a Igreja nascente – os discípulos – fez com que o domingo ditasse o ritmo da semana e não mais o sábado[9]. Assim, Paulo se reúne no primeiro dia da semana para a fração do pão (1Cor 16,2). A expressão "Dia do

---

9 "O Novo Testamento atesta claramente que, desde o tempo dos apóstolos, a Igreja celebra a cada semana o domingo" (GY, 2004: 140).

Senhor" aparece pela primeira vez no Apocalipse (Ap 1,10). Passados alguns anos, logo o primeiro dia da semana passou a ser chamado "Dia do Senhor, do latim *"dominicus dies"*, na língua portuguesa, domingo.

São muitos os textos bíblicos que revelam o domingo como o dia semanal por excelência, no Novo Testamento: Maria Madalena, junto a outras mulheres, vai ao túmulo no primeiro dia da semana e o encontra vazio (Mt 28,5-9). No primeiro dia da semana os discípulos de Emaús encontram-se com o Senhor e o reconhecem na fração do pão (Lc 24,13-35). Jesus sopra o seu Espírito sobre os discípulos no primeiro dia da semana (Jo 20,19-23). As aparições do Senhor ressuscitado e o próprio Pentecostes acontecem no domingo.

O evangelista João, por várias vezes, dá a conhecer o domingo como o oitavo dia escatológico: Oito dias depois, Jesus apareceu aos discípulos reunidos e mandou Tomé colocar os dedos nas chagas dele, para que acreditasse (Jo 24,24-29). O domingo passa a ser assim o dia em que todos reconhecerão o senhorio de Cristo.

O domingo ficou conhecido também como o dia do sol, do Cristo luz: o primeiro dia da semana era o dia do sol para os romanos. Jesus é apresentado pelo domingo cristão como a luz do mundo. Dessa forma, São Justino (150 d.C.) demonstra por que os cristãos deveriam se encontrar para a oração no dia de domingo:

> Como todos nós nos reunimos no dia do sol, porque esse é o dia no qual Deus, tendo transformado a escuridão e a matéria informe, fez o mundo: e Jesus Cristo, nosso Salvador, ressuscitou dos mortos neste mesmo dia (*Apologia* 61,8).

O domingo passou a ser o dia do Espírito porque Jesus soprou o seu Espírito sobre os discípulos num domingo. Quem recebe Jesus na Eucaristia, recebe o seu Espírito[10].

O domingo é visto também como o dia da fé porque no domingo, aparecendo aos discípulos, Tomé foi convidado a tocar a mão e o lado do Senhor e crer. Por isso, aos domingos a Igreja sempre faz a sua profissão de fé.

Porque nos alimenta do amor eucarístico, o domingo é visto como dia do exercício da solidariedade. Nele recebemos o Senhor para acolhermos os que sofrem e estão excluídos do banquete da vida.

---

10 Domingo: dia do Espírito Santo, dia da fé, dia irrenunciável, dia da esperança, dia da Igreja, dia da solidariedade, dia que revela o sentido do tempo (DD).

Por tudo o que foi dito, o domingo é um dia que não podemos renunciar, deixar de lado. Ele ocupa o lugar principal durante a semana e para ele devem estar voltados todos os outros dias. Ele dita o ritmo da semana e orienta o nosso testemunho cristão.

É o dia por excelência de vivermos como Igreja e de alimentarmos a nossa esperança. Só ele pode dar sentido ao tempo, porque coloca o mistério de Cristo como ápice da semana e da vida.

Muitos ministros e lideranças vão à missa só quando servem o altar. Esse é um verdadeiro absurdo, pois não é o serviço do altar que justifica um cristão, mas o sacrifício eucarístico pelo qual todos nós temos a redenção e a remissão dos pecados. É necessário recuperar a espiritualidade do domingo na nossa vida e nas nossas famílias.

8 O canto litúrgico e o cantar a liturgia

O canto é uma parte fundamental nas celebrações litúrgicas. Ele, enquanto arte litúrgica, deve promover uma melhor compreensão do mistério que celebramos. Os cantos devem estar sempre e intimamente relacionados ao mistério do dia. Por isso não se diz que cantamos na liturgia, mas que cantamos a liturgia, dado que os cantos são, também eles, verdadeiras orações.

Convidados a participar ativa, plena e conscientemente das celebrações, os fiéis encontram no canto uma das formas mais sublimes de serem protagonistas e não meros espectadores. Assim, os cantores são animadores do canto de toda uma assembleia orante.

Para cumprir a sua função, cada canto deve estar relacionado ao tempo litúrgico, à Palavra de Deus e ao momento em que vai ser executado.

O canto litúrgico tem inspiração bíblica e deve estar de acordo com a doutrina da Igreja. Ele tem ainda um ritmo e letra adequada à função litúrgica que vai desempenhar. Assim, não se canta o ato penitencial como se canta o hino de louvor.

Mas se cada canto tem uma função litúrgica, ele deve ser executado com um tipo de instrumental apropriado.

É preciso saber que existem cantos que são um rito e cantos que acompanham o rito. Os cantos que são um rito (santo, Cordeiro de Deus...) não podem ser executados pela metade. Já os que acompanham o rito (entrada ou abertura, comunhão...) devem ser executados somente até que se cumpra o rito (exemplo: o canto de abertura ou de entrada dura até que se realize a procissão de entrada e que o presidente esteja pronto para iniciar a celebração; o de comunhão, até que a última pessoa comungue).

O *grupo de cantores* deve sustentar o canto de todo povo, jamais cantar sozinho as partes que cabem ao povo (respostas das preces, refrão dos salmos, aclamações...). Nunca deve ficar nem de costas para o altar nem de costas para os fiéis, a fim de favorecer a participação e interagir com a presidência da celebração. O ensaio dos cantores jamais deve acontecer antes do início da missa. Esse espaço de tempo deve ser reservado para repassar os cantos com a assembleia litúrgica. Por fim, quem canta na liturgia deve saber que está a serviço de um mistério sagrado, por isso não canta como acha que está certo, nem canta para se exibir, mas para que o mistério celebrado seja mais bem vivenciado pela assembleia reunida em oração.

Os *instrumentistas* devem ter a devida preparação musical para saberem como dosar a quantidade de instrumentos em cada canto, para executar com maestria as melodias, para não sobreporem os instrumentos às vozes. Os instrumentos na liturgia estão a serviço das vozes. Devem acompanhar os cantores e jamais dificultar a compreensão das letras, especialmente nos salmos e orações específicas como diferentes sequências litúrgicas. Em alguns momentos, os instrumentistas podem ajudar a criar um clima de intimidade e reflexão.

O *animador do canto* motiva os fiéis a cantar. Por sua natureza, deveria ser alguém que regesse o canto do povo e dos cantores. Não deve ser um exibicionista, nem falar o desnecessário.

O *salmista* deve ser alguém bem-preparado para proclamar, cantando, a Palavra de Deus. As melodias dos salmos nunca devem dificultar a compreensão da letra, dado que o salmo é Palavra de Deus. Também é necessário encontrar melodias diferentes conforme a letra do salmo proposto: súplica, louvor, arrependimento...

8.1 Os cantos na ação litúrgica

A comunhão de vida e a ação litúrgica, propostas a nós por Jesus, têm o seu ponto alto na celebração eucarística.

Presente na Eucaristia e nos irmãos, o Senhor realiza a sua promessa: eu estarei convosco até a consumação dos séculos. A sua presença é visível, em primeiro lugar, quando a comunidade se reúne ("onde dois ou mais estiverem reunidos em meu nome, eu estarei no meio deles). Assim, a participação dos fiéis, na liturgia, especialmente com o canto, manifesta a presença real do seu Senhor que move a Igreja nas ondas sonoras do afinado e consolador Espírito.

Tudo deve favorecer o encontro. Nesse horizonte, cumpre uma missão fundamental o canto litúrgico bem-executado e devidamente escolhido.

O canto de abertura ou de entrada: Expressão do encontro, introduz o sentido da liturgia do dia. Cantando o canto de abertura, a comunidade expressa a alegria de estar reunida em nome do Senhor; manifesta festivamente a grandeza do encontro e do reencontro.

• Deve expressar o mistério a ser celebrado, ou seja, introduzir o tema central do dia, ligado necessariamente ao tempo litúrgico.

• Manifesta a alegria do reencontro do Povo de Deus que vem louvar e agradecer ao Senhor.

• Sendo inviável a procissão de entrada, o canto de entrada guardará ainda a sua característica de abertura processional da celebração, pois ele quer levar-nos até o altar, dispor-nos à comunhão com base no tempo litúrgico.

• Quanto tempo deve durar o canto de abertura? Deve durar o tempo necessário para criar o clima propício da celebração. Quando for usado o incenso, deve perdurar até terminar o rito de incensar o presbitério e o altar.

Ato penitencial ou canto de perdão: exalta a misericórdia de Deus, reconciliando-nos com Ele e entre nós. O ato penitencial, mais do que o julgamento de pessoas e situações, é a manifestação do amor misericordioso de Deus. Momento em que a comunidade, acolhendo o perdão de Deus, aprende, também ela, a perdoar sempre.

• As palavras introdutórias devem ser breves, nunca moralizantes.

• O silêncio para a revisão de vida, tão importante para a interiorização da misericórdia e bondade de Deus, nunca deve ser omitido.

• Um gesto – estar de pé, de joelhos ou inclinar-se profundamente – ajuda a comunidade a experimentar mais intimamente a confiança depositada no amor misericordioso de Deus.

O ato penitencial, caso não seja cantado, deve terminar sempre com estas invocações: "Senhor, tende piedade de nós; Cristo, tende piedade de nós; Senhor, tende piedade de nós"; pois, com elas, a comunidade acolhe a presença do Ressuscitado, que a reveste de misericórdia.

Hino de louvor: glorifica o Deus que nos salva e nos santifica em cada liturgia. Originalmente, este é um hino cristológico (cf. Doc. 43); todavia, não sem sentido, a religiosidade popular viu nele uma glorificação trinitária.

Nas celebrações dominicais durante o ano e nas festas ou solenidades do calendário litúrgico, ele nunca falta (fica impedida a sua execução nos domingos da Quaresma e do Advento).

Por isso, o hino de louvor autêntico mantém as mesmas palavras de quando rezamos, ou palavras muito próximas. Todo canto que não mantiver as palavras do glória, assim como nós o recitamos, não é litúrgico.

Salmo: é a resposta à Palavra de Deus proclamada na primeira leitura – É parte integrante da liturgia da Palavra. O salmo de meditação é responsorial. Com ele a assembleia responde a primeira leitura.

O salmo de meditação conserva ainda a sua característica própria de oração. Todo diálogo com Deus desabrocha na oração.

Sendo uma proclamação lírica, esse salmo de resposta deve ser cantado. Quando isso não for possível, canta-se pelo menos o refrão.

As melodias dos salmos precisam ser escolhidas de acordo com a sua mensagem. Melodia alegre para um salmo festivo; melodia triste para um salmo de súplica; e assim por diante. Jamais se deve cantar a mesma melodia para todos os salmos.

A melodia do salmo nunca deve dificultar a compreensão das palavras, pois a sua letra é Palavra de Deus e, como tal, precisa ser respeitada.

Aclamação ao Evangelho: é a aclamação solene do Senhor ressuscitado que nos dirige a Palavra. A Palavra de Deus, proclamada na liturgia, é mais do que uma instrução ou informação. É a própria presença salvífica do Ressuscitado no meio de nós. Lemos na constituição sobre a Sagrada Liturgia, do Concílio Vaticano II, que "é Ele mesmo que fala quando se leem as Sagradas Escrituras na igreja" (SC 7).

A aclamação do Evangelho se faz pelo canto alegre do aleluia entremeado de citações do Novo Testamento. Na Quaresma, o aleluia é omitido. Mas o canto de aclamação não perde o seu caráter vibrante, alegre, festivo.

A postura (estar em pé) significa aqui a jubilosa exaltação pela presença do Senhor que vem falar aos seus.

Um canto não é litúrgico apenas pelo conteúdo que apresenta, mas também pelo ritmo com que deve ser executado. Um canto de aclamação com aleluia, mas que possui um ritmo que não é alegre, vibrante, não é adequado. Assim como um canto de comunhão com bonitas palavras e que não possui um ritmo sereno, que favoreça a interiorização, também não é adequado.

Aclamações, respostas do povo: favorecem a participação da assembleia e promovem adesão ao mistério que celebramos. Quando tais respostas são cantadas, a celebração ganha um ar de solenidade. E mais, dá-se valor a frases que à primeira vista parecem simplórias, mas que carregam um conteúdo litúrgico, espiritual e teológico profundo.

As aclamações são usadas com frequência, nas celebrações litúrgicas, para que todos possam participar plena, ativa e conscientemente: *graças a Deus*; *glória a vós senhor*; *amém* – esta é a palavra que sintetiza a resposta ao chamado, a nossa adesão de fé. Ela fala mais do que imaginamos: aceito, confirmo, confio, assim seja, sim; *aclamação anamnética* (Eis o mistério da fé. Anunciamos...) – a palavra mistério significa sacramento – a Eucaristia é o sacramento da fé porque nos faz participar do acontecimento central de nossa fé; *as respostas que precedem o prefácio* (O Senhor esteja convosco – Ele está no meio de nós...), *as respostas da oração eucarística* (santificai nossa oferenda, ó Senhor, recebei, ó Senhor...) – levam a assembleia a vivenciar em profundidade o mistério celebrado. Com essas respostas o Povo de Deus se sente envolvido no momento mais sublime da Eucaristia; *as respostas das preces*, se cantadas e bem-formuladas, levam a assembleia a um profundo clima de oração.

Essas respostas são partes integrantes da liturgia e devem ser valorizadas.

Apresentação das oferendas: canto de gratidão e louvor. Nas missas deve estar relacionado ao tempo litúrgico falando ou não de pão e de vinho; nas celebrações da Palavra, porém, nunca deve falar de pão e de vinho; é um canto opcional. A apresentação das oferendas não pode ser reduzida a um transporte, simples ou mais solene, do pão e do vinho para a refeição eucarística.

O canto de apresentação das oferendas exerce um papel muito importante: ajuda os cristãos a oferecerem-se a si mesmos com tudo o que possuem e a compartilharem seus bens com os que necessitam.

É um canto que acompanha o rito. Devemos cantá-lo até que o rito esteja terminado: procissão com o pão e o vinho, preparação da mesa pelo celebrante, incensação do altar (quando houver).

O Santo: É um canto ritual que aclama aquele que nos santifica, o Deus três vezes santo. O prefácio é uma oração de louvor que enumera os motivos pelos quais damos graças ao Pai. O santo representa a resposta alegre da assembleia aos motivos de louvor e agradecimento elencados pelo presidente, no prefácio.

O santo, juntamente com o salmo responsorial, tem destaque em ordem de importância. Ele é composto de textos bíblicos (Is 6,3; Mt 21,9).

Muito constrangedor é ver certas celebrações muito vivas, nas quais o santo é apenas recitado. O canto do santo deveria ter a mesma letra de quando rezamos.

Pai-nosso: O Evangelho nos conta que essa oração foi ensinada por Jesus aos seus discípulos. Ela expressa especialmente um estilo de diálogo com o Pai.

O Pai-nosso só deve ser cantado quando mantiver a mesma estrutura e palavras de quando é rezado. Existem várias formas de proclamar esta oração: cantar um refrão no início e outro no final; uma canção intercalada da sua recitação. Todavia, não sei até que ponto certos refrãos ou canções não levam a uma interpretação errada das palavras de Jesus.

Por isso, quando cantamos essa oração, deveríamos manter as mesmas palavras que Jesus nos ensinou.

Abraço da paz: é um canto opcional e não deve ser demorado. Basta um refrão ou uma música instrumental. Quando houver o gesto da paz devemos saudar apenas os que estão do nosso lado (à direita e à esquerda). A paz pedida a cristo, Senhor da paz, é oferecida e recebida entre irmãos. Tal gesto tem um conteúdo humano e evangélico muito profundo.

Caso aconteça o gesto do aperto de mão, ele deve acontecer somente com as pessoas mais próximas. Deve-se ter cuidado para que não haja dispersão, pois estamos muito próximos do momento mais sublime, a comunhão eucarística.

Se executado, este canto não deve se sobrepor ao canto do cordeiro que é litúrgico e acompanha a *fractio panis* – gesto simbólico que apresenta o Cordeiro imolado, repartido, alimento de salvação para os pecadores.

Cordeiro: partir o pão, gesto evangélico e profético, é um canto ritual, por isso não pode ser realizado pela metade. Tem uma grande importância devido ao gesto de repartir o pão. Durante muito tempo os cristãos deram o nome de Fração do Pão à celebração da Ceia do Senhor. Esse gesto possui não apenas uma razão prática, mas significa que, sendo muitos, formamos um único corpo: a Igreja (1Cor 10,17).

Enquanto o presidente parte o pão, a comunidade canta ou recita o Cordeiro de Deus (texto proclamado por João Batista quando apresentou Jesus).

A oração do cordeiro não é rezada nem cantada nas celebrações da Palavra porque, nelas, não existe a fração do pão.

O canto de comunhão é um canto processional, por isso deve ser executado com leveza e sobriedade para que haja maior interiorização. É um canto que acompanha o rito da comunhão. Assim que termina a distribuição da comunhão encerra-se sua execução, a fim de que seja reservado um tempo para o silêncio litúrgico, pós-comunhão.

Deve ser bem escolhido para que esteja em sintonia com o evangelho do dia e o tempo litúrgico (Advento, Páscoa, Tempo Comum...).

Não é um canto de adoração, nem um canto bonito que fala de Eucaristia. É um canto que vincula a mensagem da Eucaristia ao evangelho do dia e ao tempo litúrgico.

Não devemos estranhar o fato de cantar enquanto comungamos, pois nos banquetes festivos também temos o costume de cantar.

Canto de despedida (canto facultativo com um caráter de envio) não é um canto obrigatório e pode ser dispensado. As pessoas podem se retirar da Igreja enquanto se executa uma canção instrumental ou em silêncio.

A conclusão da celebração eucarística se dá com a bênção final. Através da bênção, Deus manifesta o seu amor misericordioso. Comunica aos homens a sua multiforme santidade, fazendo brotar na comunidade carismas e ministérios que são dons e serviços para o proveito e crescimento do corpo eclesial.

É um saudável costume cantar um canto a Maria durante esse momento, especialmente no Tempo Comum, todavia, como afirmamos, é opcional.

III
Mistério simbolizado

1 O ser humano simbólico e o horizonte simbólico da liturgia

Durante a Modernidade a linguagem simbólica entra em crise, dado que a razão a relega a um segundo plano. Todavia, "as ciências do homem vêm reconhecendo, desde o século passado, que o símbolo – o pensamento mítico-simbólico – contém uma verdade que razão alguma pode esgotar" (SÁNCHEZ, 1999: 779).

A condição simbólica define a pessoa. Toda a realidade que circunda a vida humana é simbólica, seja ela cultural, religiosa. A maneira de a pessoa se comunicar se dá através da linguagem escrita, visual, corporal, musical... E essa forma de comunicação é simbólica. Assim, não é a pessoa a se servir do símbolo, mas o símbolo a servir a existência humana. Aliás, é essa a principal característica que nos torna racionais, pensantes, seres de relação: "o ser humano é animal de símbolos porque é, constitutivamente, animal de sentido" (SÁNCHEZ, 1999: 782).

Recebendo o mundo pelos sentidos corporais[11] e lidando com as coisas e os seres que se dão num constante aparecer e reaparecer, dentro de um espaço e tempo determinados, os seres humanos estão sempre interagindo. Sua compreensão do mundo se amplia, se renova, pois nunca faz a mesma experiência duas vezes, dado que não é a mesma pessoa, nem as coisas se manifestam da mesma forma.

Acolhendo as manifestações do mundo e das pessoas com as quais convive, o cristão experimenta as realidades mais difíceis de serem definidas, por meio do mistério pascal que celebra: o nascimento, o amor, a dor, o sofrimen-

---

11 "Mas o ser humano é animal de símbolos porque é constitutivamente animal de sentido. [...] A autêntica praxe simbólica é, por isso, aquela que dá realmente sentido e identidade à experiência humana, respondendo às necessidades e aos anseios fundamentais dos homens" (SÁNCHEZ, 1999: 782-783).

to, a morte, a esperança. Cada experiência profunda do mistério de Deus e da vida é simbolizada: "Páscoa de Cristo na Páscoa da gente. Páscoa da gente na Páscoa de Cristo". O símbolo religioso é uma forma de externar o que as palavras não conseguem definir. Assim, a água é vida-purificação, a cruz – nossas angústias e sofrimentos, a luz – uma força que nos atrai e ilumina as trevas do coração e da mente.

Da mesma forma que a religião tem o poder de religar, de unir a nossa vida ao mistério, o símbolo também. Aliás, não existe religião sem simbologia, sem objetos e ritos sagrados vinculados às fases e realidades da vida.

A liturgia é ricamente simbolizada. Tudo nela e na vida humana é simbólico. Cada vez que entramos em comunhão com o mistério santo, através de orações ritualizadas e com um rico simbolismo, avançamos um pouco mais na direção do Eterno. O símbolo tem o poder de aparecer de um jeito sempre novo, ajudando-nos a não sermos as mesmas pessoas ou sermos pessoas renovadas pela relação que se estabelece com o mistério. Cada vez que um símbolo aparece e nos desperta, compreendemos que somos, também nós, seres simbólicos a falar de um mistério que nos seduz e que nunca possuímos plenamente.

A diferença entre sinal e símbolo é que o sinal aponta diretamente para o significado, sua mensagem é precisa e direta, como o sinal de trânsito ou outras placas de sinalização. O símbolo não. No símbolo, o significado é sempre maior, dando margem para que dele se descubram várias nuanças[12]. O sinal está vinculado a uma mensagem direta e precisa, já o símbolo está vinculado ao mistério – à possibilidade de apresentar sempre um mais e de nunca se esgotar numa mensagem única. O sinal se identifica com o seu significado, já o símbolo não, pois comporta sempre um mais.

Por isso, o símbolo deve ser adequado e apresentado convenientemente, para que nos leve a passar da dimensão do significante (do objeto em si) para a dimensão do significado (o sentido que ele quer transmitir), dispondo o nosso coração a acolher o mistério na sua largueza e profundidade.

Durante as celebrações tudo é simbólico. O símbolo, como já foi dito, possui um excesso, algo que não o esgota porque está diretamente vinculado ao mistério. As vestes litúrgicas são símbolo do ministério de Cristo, do serviço

---

12 "O sinal substitui perfeitamente a coisa significada, tornando-a presente. Existe entre eles uma relação linear, plana, de equivalência indicativa. O sinal é claro, representa unicamente a realidade significada. [...] a característica do símbolo é a sua profundidade. [...] A sua especificidade é um excesso de significação (Ricoeur), irredutível à linguagem" (SÁNCHEZ, 1999: 781).

prestado à salvação dos fiéis. Dom Luciano Mendes de Almeida afirmava que a estola do padre simboliza a toalha que Jesus amarrou na cintura para enxugar os pés dos discípulos. As cores litúrgicas, enquanto definem o tempo litúrgico ou a festa celebrada, falam do mistério pascal que ilumina a missão da Igreja. A cruz de Jesus, plenitude do amor de Deus, expressão de sofrimento, sabedoria de Deus que confunde o mundo. O altar revela a centralidade de Cristo na vida da Igreja, lugar do sacrifício eucarístico, mesa da partilha e da comunhão eclesial. O círio pascal, pela sua constituição (feito de cera e a luz que produz), com os números, letras, desenhos que falam do mistério do Cordeiro imolado, celebra a vitória da cruz. O óleo penetra a nossa pele assim como Cristo entra na nossa vida e faz morada em nós etc.

Todavia, os símbolos na liturgia devem ser usados com precisão, a fim de promoverem a adequada comunhão dos fiéis com o mistério que celebram. Dessa forma, precisam ser construídos a partir daquilo que cremos. Eles nos tocam à medida que falam do amor de Deus e da sua eterna misericórdia. Nesse horizonte, possuem a racionalidade da fé, pois expressam o que cremos, não uma fantasia religiosa.

Alguns aspectos importantes sobre os símbolos na liturgia:

1) Nas liturgias não devemos explicar os símbolos, mas apresentá-los de forma adequada. Eles devem ser rezados, destacados com precisão artística, não explicados. Exemplo: "Senhor, nós te bendizemos pela água pura que nos lava de todo mal". E jamais dizer: "Esta água representa a pureza que devemos ter". Ou: "Com este fogo, Senhor, ilumina as nossas mentes, para que os nossos projetos e pensamentos estejam debaixo da tua luz!" Jamais: "Este fogo representa Cristo luz do mundo que pode iluminar a nossa vida". Um exemplo de destaque com precisão artística: a mesa da Palavra deve ser feita do mesmo material da mesa do altar, pois nos alimentamos de uma e de outra e a mesa da Palavra conduz à mesa do altar.

2) Precisamos apresentar e vivenciar os símbolos da forma mais coerente e adequada possível, a fim de que eles nos remetam ao mistério que celebramos, adoramos. É o que falamos acima: o símbolo apresenta aquilo que cremos, a fé que professamos como Igreja. Não devem ser expressão de luxo, de suntuosidade, mas de credibilidade e fé.

3) É símbolo também o que falamos, rezamos ritualmente. Assim, as orações ritualizadas necessitam de uma formulação adequada.

4) Enquanto ser simbólico, o fiel que preside uma celebração, que proclama uma leitura, que canta, que apresenta uma oferenda ou um símbolo, deve estar imbuído de uma gestualidade adequada, pois cada rito pede uma ritualidade, cada oração ou apresentação pede uma expressão conveniente. O rito é o que deve ser feito: a oração a ser proclamada, as normas a serem obedecidas; a ritualidade é o como fazer: a expressão que dá vida à oração e à norma. Se tudo na liturgia é simbólico, nada é mais simbólico do que a forma correta e coerente de dizer, de rezar, promovendo o encontro com Cristo.

Vamos conhecer agora os objetos litúrgicos (alfaias) com os quais os ministros extraordinários da Sagrada Comunhão devem lidar com frequência; símbolos litúrgicos que eles devem conhecer muito bem. Entretanto, inicialmente, procuraremos mostrar um pouco da simbologia que constitui ou deveria fazer parte dos nossos templos.

2 O espaço litúrgico: Lugar simbólico da majestade de Deus e da comunhão entre irmãos

O espaço celebrativo pode ser disposto ou construído de diferentes formas, mas deverá obedecer alguns critérios, dado que quer simbolizar o mistério que envolve e alimenta a vida da Igreja. Assim como recordou o Vaticano II:

> Os artistas todos, que levados por seu gênio querem servir na santa Igreja à glória de Deus, lembrem-se constantemente de que a sua atividade é, de certa forma, uma sagrada imitação de Deus Criador e de que as suas obras se destinam ao culto católico, à edificação, à piedade e à instrução religiosa dos fiéis (SC 127).

As construções antigas dos templos valorizavam muito as torres, o pé-direito do templo, os pequenos detalhes em grandes colunas, nas paredes, no teto. Dentro da concepção de Deus e da Igreja de então, se buscava, sobretudo, ressaltar a grandeza, a majestade de Deus. A Igreja era um templo forte, imponente, manifestando que nada nem ninguém poderia destruí-la, dado que está sob a guarda de Deus e dos seus anjos.

As construções modernas procuram ressaltar não tanto a grandeza e a majestade de Deus, mas o templo como lugar de encontro com Deus e os irmãos, espaço de fraternidade. Daí que muitos templos procuram favorecer a participação dos fiéis aproximando-os do mistério celebrado: são em formato redondo, em forma de leque, tipo auditório onde todos têm facilidade de visualizar os diversos ritos etc.

Nessa perspectiva, ponderemos o que diz a *Sacrosanctum Concilium* sobre a Sagrada Liturgia:

> A Igreja nunca considerou seu nenhum estilo de arte, mas aceitou os estilos de todas as épocas, segundo a índole e condição dos povos e as exigências dos vários ritos, criando assim, no decorrer dos séculos, um tesouro artístico que deve ser conservado cuidadosamente. Também em nossos dias e em todos os povos e regiões a arte goze de livre-exercício na Igreja, contanto que sirva com a devida reverência e a devida honra às exigências dos ritos e edifícios sagrados. Tenham os bispos todo o cuidado em retirar da casa de Deus e de outros lugares sagrados aquelas obras de arte que repugnam à fé, aos costumes, à piedade cristã e ofendem o verdadeiro senso religioso quer pela deturpação das formas, quer pela insuficiência, mediocridade e simulação da arte. Na construção de Igrejas tenha-se grande cuidado para que sejam funcionais quer para a celebração das ações litúrgicas, quer para obter a participação ativa dos fiéis (SC 123-124).

Alguns aspectos sempre foram valorizados nas construções dos templos e continuam válidos para todo tipo de arquitetura do espaço litúrgico. Respeitando-se esses aspectos há uma enorme liberdade para que os artistas, arquitetos, imprimam os seus estilos pessoais e o estilo de cada época. Vejamos a seguir as partes de um templo, os objetos de maior importância, os símbolos de maior destaque e os espaços que colaboram para uma efetiva funcionalidade do culto e esperada participação dos fiéis.

1) O altar deve ser feito de material sólido (granito, pedra, ferro, madeira); material verdadeiro, não mera imitação; pode ser móvel. Ele deve ocupar o lugar central dos templos, pois simboliza Cristo, o Cordeiro imolado para a salvação do mundo. É o objeto mais importante dos templos. Não importa se o templo tem formato triangular, retangular, redondo, o altar estará sempre no centro. É preciso ter cuidado com as construções para que um lado da Igreja não seja maior do que o outro e, assim, o altar nunca ficará no centro. Muitos querem aproveitar o terreno e então constroem um templo todo torto que não revela, pela sua construção, harmonia, simetria, sinais que falam da beleza e da perfeição de Deus.

2) Nas celebrações nos alimentamos do pão da Eucaristia e do pão da Palavra. É a Palavra que nos conduz ao banquete eucarístico, revelando a grandeza da Eucaristia. As duas mesas, da Eucaristia e da Palavra, têm a mesma

dignidade, por isso devem ser feitas do mesmo material para que se perceba a íntima ligação entre uma e outra. A mesa da Palavra deve estar no presbitério (lugar do espaço celebrativo onde fica o altar); já a estante do comentarista não. Essa última deve ficar fora do presbitério e nunca ser do mesmo formato e material da mesa da Palavra, pois a palavra do comentarista não tem o mesmo valor da Palavra de Deus. Lembro ainda que é da mesa da Palavra que elevamos a Deus as nossas preces, porque é a Palavra que nos ensina o que pedir.

Observação: na IGMR existem medidas quanto ao tamanho do altar e da mesa da Palavra, bem como de outras peças litúrgicas.

3) A cadeira da presidência precisa se distinguir das outras cadeiras, dado que ela também é símbolo da presença de Cristo entre nós. Quem preside o faz na pessoa de Cristo. Um problema se levanta para alguns: Quem deve se sentar nessa cadeira? Só os padres ou também os leigos que presidem a celebração da Palavra? Acho que resolvemos essa questão pelo simples fato de ela se chamar cadeira da presidência e não cadeira dos padres.

4) O presbitério é o espaço onde ficam o altar, a mesa da Palavra e a cadeira da presidência. Outros objetos litúrgicos fazem parte dele: geralmente um grande crucifixo, o suporte do círio, a imagem do padroeiro e a de Nossa Senhora. O presbitério deve ser um pouco elevado para que fiquem em destaque o altar e a mesa da Palavra, especialmente. Ele deve favorecer a mobilidade do presidente da celebração.

5) A nave é o espaço onde fica a assembleia orante. O templo deve ser construído de tal forma que esse espaço esteja em sintonia com o presbitério. Misticamente, o presbitério representa a "Cabeça da Igreja" e a nave o "corpo". Corpo e cabeça devem estar em harmonia, em comunhão. Por isso, a nave da igreja deve ser pensada de modo a não dificultar a participação e a mobilidade dos fiéis.

6) A cruz acompanha o cristão em sua caminhada de fé, por isso a cruz processional é valorizada nas liturgias. Após ser entronizada na procissão de entrada, ela permanece ao lado do altar, como expressão de que o sacrifício que celebramos abençoa o sacrifício que fazemos no dia a dia.

7) A credência é uma pequena mesa que permanece no presbitério. Nela são colocados os objetos utilizados na missa: galhetas, livros, cálice, âmbulas... Ela pode ser fixa ou móvel e o material com que é feita deve estar em harmonia com as demais peças do presbitério.

8) O batistério não deve ficar no presbitério, mas na nave da igreja e, de preferência, próximo à mesa da Palavra. Todavia, pode-se projetar uma sala batismal.

9) Capela do Santíssimo e capela da reconciliação. A primeira deveria estar fora do presbitério e ser um lugar de recolhimento, onde os fiéis podem ir durante a semana, fora das celebrações, visitar o Santíssimo. Na capela do Santíssimo pode-se presidir a santa missa para um número pequeno de fiéis. O que nela for colocado (sacrário, castiçais...) esteja em harmonia com o material utilizado no altar. A capela do Santíssimo é um espaço reservado para se conservar a reserva eucarística e se promover uma espiritualidade eucarística – de comunhão. O sacrário não deve ser feito de material transparente, nem enfeitado com muitos panos e rendas, dado que isso não acrescenta nada ao valor da Eucaristia. Uma lâmpada acesa ou lamparina nunca pode faltar na capela do Santíssimo, revelando a presença real de Cristo. Já a capela da reconciliação deveria estar num pequeno espaço da nave da igreja, de tal sorte que toda a assembleia litúrgica se sentisse convocada à reconciliação e ao perdão. Deve ter ao menos duas cadeiras e algum objeto que fale da misericórdia de Deus.

10) O átrio cumpre o papel de lugar de passagem entre o espaço sagrado e o mundo. É o espaço onde os fiéis devem ser despertados para o fato de que não estão entrando em qualquer lugar, daí a importância de se colocar uma imagem que fale ao coração do povo, água-benta etc.

11) A porta principal do templo merece destaque. Representa o Bom Pastor, por isso deve ser maior e ter uma arte que a distinga das outras. Ela é sinal de acolhida.

12) As imagens sacras não podem criar uma confusão na cabeça dos fiéis. Por isso, evite-se a repetição da mesma imagem de um santo (exemplo: duas imagens diferentes de Nossa Senhora), isso pode induzir ao erro. Não nos esqueçamos de que os documentos da Igreja ensinam que existe uma hierarquia entre as imagens, assim uma imagem de Cristo deve ter maior destaque do que a de um santo, e uma imagem de Nossa Senhora deve ter maior destaque do que as dos demais santos. Precisamos valorizar as imagens como algo que favorece a devoção, ao mesmo tempo que não devemos carregar o templo com um número excessivo de imagens. Por fim, a representação do mistério, seja como pintura, seja como estátua, deve conter uma beleza artística condizente com a fé que professamos, pois é símbolo do invisível que adoramos ou veneramos. Por isso, o Vaticano II assim se expressou:

Mantenha-se o uso de expor imagens nas igrejas à veneração dos fiéis. Sejam, no entanto, em número comedido e na ordem devida, para que não causem admiração ao povo cristão nem favoreçam devoções menos corretas (SC 125).

13) A via-sacra, por ser caminho de salvação, teria um lugar privilegiado fora da igreja, num ambiente onde as pessoas pudessem percorrer esse caminho meditando, rezando, entrando em comunhão com o mistério central da Páscoa, que é a paixão do Senhor. Todavia, se isso não for possível, que se coloque dentro da nave da igreja uma via-sacra que não tenha maior destaque do que o altar, a mesa da Palavra e a cadeira da presidência.

14) Ornamentação: o espaço celebrativo, quando bem projetado, com seus objetos sagrados verdadeiramente artísticos, quase não necessita de enfeite. Portanto, a ornamentação seja sempre sóbria, verdadeira (plantas ou flores que não sejam artificiais) e não cubra os objetos sagrados que devem estar sempre em destaque (mesa da Palavra, altar, imagens...).

15) Torre e sinos: houve um tempo em que as torres eram uma expressão de fé e convite à oração através dos sinos, mas hoje muitos edifícios cobriram as torres nas grandes cidades. Portanto, ela pode ser facultativa. O que não pode faltar na fachada é algum elemento que distinga a igreja como católica: um campanário, uma cruz, uma imagem do padroeiro...

16) Sacristia: é o espaço projetado para guardar os paramentos e objetos litúrgicos. Nesse espaço, o presidente da celebração e os seus colaboradores mais próximos são chamados a se paramentar. É um ambiente de recolhimento e não de agitação. Não é o tamanho do ambiente que diz se ele é bom ou não, mas a funcionalidade.

Ambientes que manifestam a nossa capacidade de acolher:

17) Sanitários e fraldário: esses ambientes muitas vezes são esquecidos ou muito malprojetados. Um forte aspecto da acolhida que oferecemos consiste na limpeza e funcionalidade dos sanitários, sem esquecer que não se pode deixar de oferecer todos os materiais básicos para a higiene pessoal (sabonete, toalha...) e que os mesmos devem ser construídos dentro das medidas que atendam à acessibilidade de todos. Junto aos sanitários deve-se pensar num fraldário para que as mães e pais possam realizar a higiene de seus filhos, caso seja necessário.

18) Bebedouro: o mínimo que se pode oferecer a alguém que chega em nossa casa é um copo com água boa, de qualidade. Isso é muito melhor do que um simples seja bem-vindo.

Quando no espaço litúrgico tudo está bem-preparado e disposto, nós entramos em comunhão com o mistério celebrado e nos encontramos com e nesse mistério, certos de que ele nos atrai porque oferece um sentido para a nossa vida.

3 Alfaias e símbolos litúrgicos

As alfaias são o conjunto dos objetos litúrgicos, sagrados, que usamos nas liturgias. Sejam eles livros, vasos, vestes, representações sagradas... O importante é que esses objetos manifestem a dignidade do culto e apresentem, devidamente, o mistério que celebramos.

O Vaticano II recorda duas coisas fundamentais quanto às alfaias: "A Igreja preocupou-se com muita solicitude para que as alfaias sagradas contribuíssem para a dignidade e beleza do culto, aceitando no decorrer do tempo, na matéria, na forma e na ornamentação, as mudanças que o progresso técnico foi introduzindo" (SC 122). Assim, as alfaias aceitam o progresso da técnica e das artes, bem como sabem conservar o tesouro histórico gestado ao longo dos séculos. Outro aspecto recordado: "Cuidem os ordinários que, promovendo e incentivando a arte verdadeiramente sacra, visem antes à nobre beleza do que à mera suntuosidade. Aplique-se isso também às vestes e ornamentos sagrados". Com isso, o Vaticano II nos ensina que beleza não significa luxo, a destoar com o mistério de despojamento que celebramos.

a) Livros litúrgicos

Missal romano: É um livro utilizado pelos sacerdotes durante as missas. Nele são encontradas as orações para todas as celebrações eucarísticas do ano litúrgico. Ele se chama Missal "romano", porque no Ocidente seguimos esse rito. Também possui uma longa instrução para as celebrações eucarísticas.

Lecionários: São livros onde encontramos as leituras próprias para cada celebração do ano litúrgico. Temos três lecionários:

Dominical: que contém as leituras dos domingos e de algumas solenidades e festas;

Semanal: que contém as leituras dos dias de semana. Com um detalhe: as leituras e os salmos são classificados em ano par e ano ímpar. Já o Evangelho não muda. Ele permanece o mesmo para ambos os anos.

Santoral: onde encontramos as leituras próprias para as celebrações das festas dos santos. Nele temos também as leituras para a administração dos sacramentos e diversas circunstâncias.

Evangeliário: Livro que contém as passagens dos evangelhos para as liturgias dominicais e importantes solenidades.

b) Objetos litúrgicos

Corporal: Toalha quadrada onde são colocados o cálice, âmbulas e patena, durante a oração eucarística. Deve-se evitar colocar mais do que um corporal sobre o altar.

Manustérgio: Toalha usada pelos sacerdotes para enxugar as mãos durante as celebrações.

Pala: Um cartão quadrado, revestido de pano, que cobre o cálice e a patena.

Sanguinho: É um tecido retangular com o qual o sacerdote seca o cálice após a purificação do mesmo. Os ministros extraordinários da Sagrada Comunhão também o usam, sempre que distribuem a comunhão sob duas espécies.

Véu de âmbula: Não é obrigatório o seu uso. Mas, sempre que utilizado, simboliza o revestimento de algo precioso.

Âmbula, cibório ou píxide: Vaso sagrado utilizado para a conservação e a distribuição das hóstias.

Cálice: Recipiente que conserva o vinho consagrado durante a missa.

Patena: Prato sobre o qual se coloca a partícula grande para a consagração. Pode ser dispensada caso a partícula grande seja colocada com as pequenas, dentro de uma âmbula.

Galhetas: Dois recipientes, um para o vinho e o outro para a água durante as missas.

Bacia e jarra: Utilizadas para a purificação do sacerdote durante a apresentação dos dons.

Teca: Pequeno vaso sagrado utilizado para levar a Eucaristia aos doentes. Todavia, pode ter um tamanho maior e ser utilizada com a função de âmbula.

Aspersório ou caldeira: são distintos pelo formato, não pela finalidade. Ambos são usados para aspergir água-benta. Todavia, o aspersório é o instrumento que lança a água sobre os fiéis e a caldeira o recipiente onde fica a água. Alguns aspersórios são capazes de conter a água, dado que possuem um reservatório para essa finalidade.

Castiçal: Objeto que sustenta a vela. Possui inúmeros formatos e tamanhos.

Velas: Sobre o altar ou ao lado dele, em castiçais devidamente dispostos, pode-se colocar várias velas. Algumas normas falam em sete velas quando da presença do bispo, de seis velas quando da presidência do pároco. Sem desprezar tais normas, as velas são acesas para Deus, a fim de que a sua luz invada os nossos corações. Então, segundo o tamanho da igreja, estude-se o que for conveniente.

Ostensório: Objeto que serve para expor o Santíssimo e dar a bênção com Ele.

Naveta: Recipiente usado para depositar o incenso durante as liturgias.

Turíbulo: Vaso sagrado utilizado para as incensações, que contém as brasas incandescentes, sobre as quais é colocado o incenso.

Incenso: Resina perfumada, feita de diferentes plantas, colocada sobre brasas para se transformar em fumaça. Simboliza as nossas preces que sobem aos céus.

Círio pascal: Vela grande, com várias insígnias, especialmente uma cruz, os cravos, o ano e as letras alfa e ômega, abençoada na vigília pascal e que permanece nas celebrações até o domingo de Pentecostes. Acende-se também nas celebrações do Batismo.

Cruz: O Missal romano afirma que se pode colocar uma pequena cruz no centro do altar para recordar que celebramos o sacrifício de Cristo. Além dessa, existe a cruz processional que deve permanecer junto ao altar. Um crucifixo grande pode ser colocado no presbitério.

Existem liturgistas que gostam da imagem do ressuscitado, todavia nós não sabemos como é a imagem do Senhor Ressuscitado. Além do mais, a ressurreição é um processo que acontece a partir da paixão e não fora, nem distante dela. Caso exista um enorme crucifixo no presbitério, a cruz processional pode acompanhar a procissão e, em seguida, ser colocada na sacristia.

Sacrário: Caixa grande colocada na capela do Santíssimo para guardar a reserva eucarística.

Partícula: Pão ázimo (não fermentado) que, após ser consagrado, é distribuído aos fiéis. Geralmente tem forma arredondada.

Hóstia: O pão quando já consagrado.

Reserva eucarística: São as partículas consagradas que ficam guardadas no sacrário, especialmente para a comunhão dos doentes e a adoração ao Santíssimo. Devem ser renovadas constantemente no sacrário.

Custódia: É a parte fixa do ostensório, na qual se expõe a hóstia consagrada para a adoração ou bênção do Santíssimo.

Luneta: É uma peça móvel, na qual se coloca a hóstia que vai ser exposta na custódia.

c) Vestes litúrgicas usadas pelos sacerdotes, diáconos e leigos

Alva: Uma veste longa, sem ornamento, de cor branca, geralmente de algodão ou de linho.

Túnica: Veste longa, geralmente com ornamentos (renda, bordados, outros detalhes etc.). Pode ser de cor neutra.

Amito: Pano colocado ao redor do pescoço, antes das outras vestes litúrgicas.

Casula: Um tipo de manto arredondado que se coloca sobre a alva e a estola.

Estola: É a veste característica do sacerdote, de duas ou três pontas, que cai horizontalmente sobre o corpo. Os diáconos também a usam, mas transversalmente.

Pluvial ou capa de asperges: É uma capa longa que o sacerdote usa para dar bênçãos ou para acompanhar procissões.

Véu umeral: Uma espécie de manto retangular que cobre braços e ombros, usado para dar a bênção do Santíssimo.

Cíngulo: Um cordão que é amarrado sobre a alva, na altura da cintura.

Dalmática: Veste do diácono, colocada sobre a alva e a estola.

Veste para ministro extraordinário da Sagrada Comunhão: O modelo pode variar conforme o estilo de cada lugar, desde que seja condizente com o ministério que será exercido. Isso vale para as duas vestes que são apresentadas a seguir.

Exemplo de veste para ministro da Palavra.

Exemplo de veste para comentaristas, leitores, cantores. Mas pode ser usada também por ministros da Palavra e da Comunhão, desde que se coloque um distintivo que identifique o respectivo ministério.

d) Cores litúrgicas

Branco: Recorda a vitória de Cristo, a sua encarnação. É a cor característica da ressurreição.

Vermelho: Simboliza a presença do Espírito, o amor de Deus, o sangue dos mártires.

Verde: É a cor do Tempo Comum. Símbolo da espera e da esperança da Igreja que assume a missão do seu Senhor.

Roxo: É o tom do recolhimento, da conversão e das celebrações fúnebres.

Preto: Cor do luto. Pode ser usada nas missas pelos mortos e nas celebrações de exéquias.

Róseo: Cor que fala da alegria. Reservada, basicamente, para dois dias do ano: o quarto domingo da Quaresma e o terceiro domingo do Advento.

e) Símbolos litúrgicos relacionados à vida e à natureza

O Papa Francisco, na *Laudato Si'*, fez uma belíssima colocação acerca dos símbolos usados na liturgia. Assim se expressou:

> Os sacramentos constituem um modo privilegiado em que a natureza é assumida por Deus e transformada em mediação da vida sobrenatural. Através do culto somos convidados a abraçar o mundo num plano diferente. A água, o azeite, o fogo e as cores são assumidas com toda a sua força simbólica e incorporam-se no louvor. A mão que abençoa é instrumento do amor de Deus e reflexo da proximidade de Cristo, que veio para se fazer nosso companheiro no caminho da vida. [...] A criação encontra a sua maior elevação na Eucaristia. [...] No apogeu do mistério da encarnação, o Senhor quer chegar ao nosso íntimo através de um pedaço de matéria. Não o faz de cima, mas de dentro, para podermos encontrá-lo no nosso próprio mundo [...] (LS 233-236).

Água: Simboliza a vida. Do lado de Cristo, na cruz, jorraram sangue e água. Usada para ritos de purificação e imersão no mistério de Cristo quando do batismo. Sua pureza recorda a graça de Deus que nos envolve.

Fogo/luz: É utilizado em muitas celebrações, como símbolo purificador, iluminador, que aquece a alma com o amor de Deus. É sinal maior da ação do Espírito Santo. A luz é manifestação do Cristo vivo, luz do mundo, sol da justiça! Muitas celebrações da luz podem ser realizadas ao longo do ano litúrgico.

Pão e vinho: Dons com os quais o Senhor quis simbolizar o seu sacrifício em favor do mundo. Fazendo uso da matéria humana para entregar-se a nós, Jesus mostrou que veio para transubstanciar toda a realidade humana.

Óleo: Era usado para ungir os gladiadores quando das lutas, os reis para governar, os doentes para aliviar as suas dores. É símbolo da ação do Espírito que penetra em nossos corpos, assim como o óleo atravessa a nossa pele, a fim de nos fortalecer para o combate da fé.

Cinzas: São sinal de penitência e busca de conversão. Recordam que viemos do pó e ao pó voltaremos. Elas são feitas com as palmas que foram usadas no Domingo de Ramos do ano anterior.

Incenso: Simboliza as nossas orações que sobem aos céus.

Cheias de símbolos, as nossas liturgias querem nos ajudar a fazer uma experiência de Deus. Cada símbolo, bem usado, apresentado e reverenciado, nos ajuda a mergulhar no mistério revelado que adoramos e comungamos como mistério de renascimento (encarnação), de discipulado (Tempo Comum), de sacrifício (paixão e morte) e de vida nova (ressurreição).

Os símbolos nos aproximam do mistério que excede todo conceito. Eles nos atraem e nos ajudam a provar um aspecto do mistério pascal que sempre se renova e se faz atual em nossas vidas.

IV
Mistério testemunhado

1 Uma Igreja da comunhão

Existe uma eclesiologia (um tratado sobre o mistério da Igreja) que todo ministro extraordinário da Sagrada Comunhão e lideranças religiosas devem ter o mínimo de conhecimento.

A Igreja nasceu do coração de Deus para realizar uma missão específica: continuar a obra de Jesus Cristo, no meio do mundo. Ao largo da sua missão sobre a terra, Jesus foi constituindo uma comunidade de discípulos que deveria se estruturar, pela força do Espírito, como uma Igreja que tem "as chaves" para ligar a terra ao céu.

Nós professamos a nossa fé também na Igreja: "creio na santa Igreja Católica, na comunhão dos santos". Não professamos a nossa fé na Igreja como professamos na Trindade, até porque ela é serva da Trindade. Todavia, nós afirmamos que cremos numa reunião de fiéis que, guiados pelo senso da fé, iluminados pela fé, constitui o Povo da nova aliança. E, assim como o acreditar em Deus pede uma adesão, uma resposta, o acreditar na Igreja também requer de nós um testemunho, hábitos que dão credibilidade a nossa fé.

As pessoas modernas acreditam em Jesus, nas suas propostas, mas às vezes duvidam da Igreja e avaliam que ela perde a sua credibilidade quando prega uma coisa e, em alguns momentos históricos, vive outra.

Jesus queria que a sua Igreja fosse acreditada. Por isso, antes de viver o mistério da paixão e morte, rezou longamente pelos discípulos para que fossem "um", ou seja, vivessem em comunhão (é a chamada prece sacerdotal de Jesus): "Já não estou no mundo, mas eles estão ainda no mundo; eu, porém, vou para junto de ti. Pai santo, guarda-os em teu nome, que me encarregaste de fazer conhecer, a fim de que sejam um como nós. Não peço que os tires do mundo, mas sim que os preserves do mal" (Jo 17,11.15).

Mas também durante a última ceia Jesus deu uma enorme lição de como deveria ser a Igreja que se alimenta da Eucaristia: uma Igreja do serviço do amor (Jo 13). Enfatizou que só no amor a Igreja seria reconhecida como sendo sua discípula, ou seja, teria credibilidade. Nos Atos dos Apóstolos lemos "que a multidão dos fiéis tinha um só coração e uma só alma" (At 4,32).

Assim, celebrar a Eucaristia é o mesmo que viver Eucaristia. Todo um tratado sobre a Igreja pode ser construído a partir do sacrifício eucarístico. O "fazei isso em memória de mim" (Lc 22,19) é um fazer celebrativo e um fazer enquanto serviço ao Reino do amor e da vida.

Desta forma, "a Eucaristia edifica a Igreja e a Igreja faz a Eucaristia" (EE 26). A Igreja faz (celebra) a Eucaristia na mesma medida em que a Eucaristia edifica a Igreja. Pois seria um contraditório sem perdão (o receber a Eucaristia indignamente) se o mistério eucarístico, celebrado, não se fizesse ver na pastoral da Igreja através do amor, da acolhida, das obras de misericórdia, do serviço fraterno e desinteressado, da comunhão e da unidade que não toleram fofoca, inveja, exclusão e promoção pessoal.

O sacramento da nova e eterna aliança deve ser sempre celebrado e testemunhado. Adorar (ad-orar é o mesmo que trazer para perto da boca) é trazer o mistério para a vida, para perto, tocar com um beijo reverente, deixar-se possuir pelo mistério. Comungar é também ser comungado. Quem não permite que o Senhor o revista de misericórdia, quando comunga, está longe de fazer uma santa comunhão.

É claro que vamos sempre ser imperfeitos, que a Igreja vai carregar falhas, até porque a santidade da Igreja não vem dela, mas daquele que a visita em todas as eucaristias, dando-lhe o seu amor e a sua bondade. Todavia, não seremos uma Igreja acreditada se não nos esforçarmos em avançar um pouquinho, cada dia, na direção dos ensinamentos do nosso Mestre. Aliás, quando recebemos a Eucaristia, recebemos "o corpo, o sangue, a alma, a divindade de Jesus", e, por isso, a compaixão, a palavra, a missão de Jesus.

Nesse horizonte, um ministro da comunhão, um líder cristão, é um servidor da edificação da Igreja. Receber a Eucaristia sem construir a Igreja é uma mera fantasia religiosa. Essa ideia de separar Eucaristia da vida eclesial e social é a herança de uma catequese frágil, na qual a experiência de Deus, o encontro transformador com a pessoa de Jesus, não foi muito enfatizada.

Assistimos pessoas que querem tocar o ostensório, a hóstia consagrada, como se fossem amuletos mágicos. Entretanto, o tocar o mistério eucarístico é uma atitude interior que se externa à medida que edificamos a Igreja da comunhão e da unidade, à medida que não damos margem para que a maldade habite os nossos corações. Experimentamos que de fato entramos no repouso de Deus quando a Eucaristia que recebemos nos leva a ver o mundo e as pessoas com o olhar terno do Senhor crucificado-ressuscitado.

Para todo cristão, comungar é uma "memória perigosa" (Metz), uma memória que compromete, mas para um ministro extraordinário da Sagrada Comunhão essa memória é ainda mais empenhadora.

De que forma um ministro pode servir o altar ajudando a edificar a Igreja?

1) Deve ter consciência de que o seu ministério não é um *status*. Quem se serve do ministério, não serve a Cristo. Não pode ceder às tentações do poder, do aparecer, pois se assim o fizer será apenas um semeador de discórdias e confusão, jamais um promotor de comunhão.

2) Um ministro não pode fazer de conta que é uma pessoa espiritual. Porque se aproxima do altar, ele tem que ter uma espiritualidade que pede uma entrega sempre maior e mais coerente.

3) Precisa estar disposto a morrer, se preciso for, por aquilo que a Igreja acredita e prega. Santo Inácio de Loyola dava o exemplo de um certo "preto no branco": se a Mãe Igreja falar que é preto, mesmo que os teus olhos vejam branco, é preciso professar com a Igreja que é preto. Esse pensamento não pretende ensinar-nos a não pensar ou sermos tolos. É que na verdade só passa a fazer parte da vida do outro quem se mistura com outro; só entra na comunhão da Igreja quem se mistura com ela, quem aceita os seus ensinamentos e sofre por ela. Só esse exercício nos permitirá, no futuro, criticar para fazer crescer. A crítica, já no início, é infantilismo e falta de conhecimento. O mistério da Igreja foi constituído, ao mesmo tempo, sinodal e hierárquico. O Vaticano II ensinou que nenhum título na Igreja é maior do que o de filho de Deus. Todavia, enquanto filhos, procuramos a unidade e a comunhão com as autoridades constituídas a fim de promovermos a missão que nos foi confiada.

Quais imagens da Igreja nos ajudam a alimentar uma espiritualidade eucarístico-eclesial e que encontramos na constituição dogmática *Lumen Gentium*, sobre a Igreja, do Vaticano II?

1) *A Igreja como imagem da Trindade*: a Trindade é uma comunhão de pessoas divinas onde cada uma possui uma missão específica (o Pai é criador, o Filho é salvador, o Espírito é santificador), mas nenhuma das pessoas faz algo sem que haja comunhão e participação da outra. Dessa forma, o Pai cria pelo Filho, no Espírito; o Filho salva enviado pelo Pai, sustentado pelo Espírito; o Espírito santifica enviado pelo Pai e pelo Filho. A Eucaristia se faz presente sobre o altar como ação da Trindade: na pessoa de Cristo, cumprindo o desígnio salvador do Pai, pela força do Espírito. Como Igreja da Trindade, cada fiel, cada ministro, deve viver a sua missão em comunhão com o outro. Para a glorificação da Trindade e santificação da humanidade, a celebração eucarística deve ser vivida como sacramento de comunhão, de inter-penetração (*pericorese*), irrenunciável convivência e partilha de vida; um estar com o outro, pelo outro e para o outro. Dessa forma, a Igreja, fortalecida pela Eucaristia e iluminada pelo mistério da Trindade, subsiste numa dinâmica relacional e procura se configurar como *sacramento de comunhão*.

2) *A Igreja enquanto esposa*: a esposa, ao sentir-se amada, ao provar que o seu Esposo faz – fez tudo por ela até o ponto de entregar a própria vida, não esquece tamanho amor, vive para perpetuar a memória de quem a envolveu na graça do mais sublime bem-querer! Assim, ela serve o Divino Amante sem medir esforços porque jamais conseguirá retribuir tamanho amor! Como esposa, a Igreja permanece unida a Cristo num inseparável amor.

3) *A Igreja enquanto lua*: a lua não tem brilho próprio, a sua luz vem do sol. A Igreja é a lua que recebe o brilho do sol, a sua luz é a de Cristo, por isso ela sabe que tudo é dom. O ministro nunca imagina que foi escolhido porque é bom, que faz suas tarefas de um jeito perfeito porque é muito inteligente, mas sempre porque Deus é imensamente bom; Ele é a luz que ilumina os seus passos, o seu trabalho ministerial. Essa aceitação da luz de Deus como graça que envolve e cativa, faz com que o ministro seja a pessoa da "medida larga", do coração dilatado, sempre cheio de misericórdia.

4) *Virgem e mãe*: a Igreja é personificada e ampliada à dimensão social: virgem – significa a integral disponibilidade de fé e obediência da Igreja a Deus, guardando-se para a sua vontade; Mãe – ela dá à luz o Filho, faz reaparecer continuamente o amor de Deus neste mundo, nesse sentido se empenha na construção do Reino.

5) *Sacramento do Reino*: a Igreja quer ser instrumento de promoção humana, da vida. Não como uma ONG, nem como uma organização meramente social, a Igreja quer ajudar o mundo. Para tanto, ela recorda e apresenta o Evangelho, não deixa esquecer as palavras de Jesus (GS), como forma de transformar a realidade injusta, violenta e desigual latente nos diferentes povos e nações. A fé que a Igreja vive é uma fé operosa: "Porque, assim como o corpo sem espírito é morto, também a fé sem obras é morta" (Tg 2,26). A salvação é dom, ninguém compra, nem vende. A fé é dom, mas se demonstra com obras que frutificam em favor do Reino de Deus. Reino que Jesus nos chamou a expandir no mundo e em favor do mundo.

6) *Enquanto Povo de Deus*: a Igreja se reconhece sempre em marcha, nunca acabada. Ela olha para Cristo buscando alcançar a sua estatura. Todo ministro, todo líder, se percebe incompleto, desejando crescer um pouco mais a cada dia. Seu ideal é ter os sentimentos de Cristo, sua compaixão. Ele se vê como um constante peregrino que se lança para frente, esquecido do passado, na direção da meta que é Cristo, uma vez que Ele já a alcançou (Fl 3,12-13). Nessa perspectiva, devemos romper com a ideia medieval de uma Igreja petrificada, castelo forte, que fala a mesma coisa para todos os tempos e lugares. A Igreja peregrina, Povo de Deus, é uma Igreja em constante construção, que oferece sempre um fruto fresco – para hoje; sente as dores e angústias das pessoas em cada época; não se percebe distante da realidade humana; é sempre reinventada pela força do Espírito que faz novas todas as coisas! A identidade da Igreja como Povo de Deus é *missio* e *communio* (missão e comunhão); para dentro e para fora ela é Povo de Deus peregrino, em missão e comunhão.

7) *Casa sobre o monte*: Um cristão sabe que a Igreja está alicerçada sobre a rocha que é Cristo, e nada, nenhuma força desse mundo ou de outro, poderá derrotá-la. Por isso, um ministro nunca se deixa levar pelas turbulências do cotidiano. Ele sabe que o fundamento da Igreja é Cristo. O barco da Igreja nunca afunda, pois o Senhor está presente nele.

Só uma espiritualidade eucarística, embasada nesses princípios e nessas imagens da Igreja, pode edificar a Igreja enquanto instrumento de credibilidade em favor do Reino.

Não é possível professar uma fé na Igreja que não se efetiva em gestos concretos de amor para com ela e o seu fundador.

As características principais da Igreja são

1) *Una*: a Igreja se edifica com base na comunhão. Nas coisas essenciais, todos devem permanecer sempre unidos, sem margem de dúvida quanto à fraternidade que os envolve.

2) *Santa*: a Igreja sabe que a sua luz vem de Jesus, a graça da santidade pertence a Ele. Todavia, não mede esforços para manter-se separada da maldade e corrupção do mundo.

3) *Católica*: porque a sua mensagem é universal, a salvação da qual ela é portadora e serva destina-se a todos os seres humanos.

4) *Apostólica*: fundada sobre os apóstolos, a Igreja mantém intacto o tesouro da Tradição, especialmente os evangelhos. Contemplando a linha sucessória dos apóstolos, que permanece ao longo dos séculos, a Igreja celebra a graça de ser conduzida e fortalecida pelo Espírito.

Assim, a Igreja nasceu para fazer resplandecer os ensinamentos do seu Senhor. Todo ministro, todo líder, está a serviço desses ensinamentos, dos quais o amor é o maior.

O cristão adora a Eucaristia, dela se nutre para edificar a Igreja e apresentá-la como sacramento, como sinal credível de unidade e fraternidade em favor da humanidade. Alimentando-se da Eucaristia, todo ministro deseja ser eucaristia – bênção, em forma de partilha e de doação. Tocando o mistério eucarístico, cada ministro sente o seu coração se inflamar do mais ardente e supremo amor e só deseja uma coisa, abrasar o mundo com o fogo consolador e santificador que envolveu a sua vida.

Participando da Eucaristia que faz a Igreja, os ministros e todo Povo de Deus estão envolvidos num mistério de sacrifício que seduz, empenha o coração, dado que a fé professada no mistério da Igreja é uma fé eucarística. Se a transubstanciação acontecer no altar, nas partículas e no vinho que são consagrados, mas não acontecer na vida eclesial, as liturgias não passarão de uma farsa. Portanto, mistério adorado, mistério professado, mistério comungado, mistério testemunhado.

Que ninguém se esqueça: a hierarquia na Igreja, lembra Kell, não é de grau maior, mas de grau menor. Ou seja, quem quiser ser o maior aos olhos de Deus, seja o último e o servo de todos (Mc 9,35).

2 Princípios que iluminam a vida eclesial, presentes na *Evangelii Gaudium*

Uma Igreja da alegria: a alegria nasce do fato de termos sido escolhidos e salvos, sem mérito algum de nossa parte. Essa alegria está presente em toda a Sagrada Escritura e na vida da Igreja. E quem se sente amado pelo seu Senhor quer tornar conhecido o amado. Servir com alegria, procurando transmitir Cristo, é uma das marcas características de um autêntico ministro da comunhão.

Uma Igreja de portas abertas: não devemos brigar com a realidade histórica. Precisamos ser uma Igreja que caminha com o tempo, sem renunciar ao núcleo do Evangelho. Uma Igreja de portas abertas está sempre em saída, disposta a acolher o diferente e a promover a inclusão. As normas estão a serviço da comunhão e da salvação das almas. Uma Igreja que não está fechada em si mesma nunca permite que a norma sufoque o amor. Ela é simples e tem propostas claras. O coração e mente de um ministro estão sempre abertos ao outro, à inclusão, à compaixão. Quem se encontra com Jesus sabe que tudo é dom, é graça, é festa da partilha e banquete do encontro.

A Igreja de portas abertas é uma *Igreja samaritana*: na *Evangelii Gaudium* (EG), assim como fez o Vaticano II na *Gaudium et Spes* (GS), compreendemos que não se pode dissociar o amor a Deus do amor ao próximo. Na *Evangelii Gaudium* encontramos essa expressão: "uma oração que esquece do outro é uma farsa".

O teólogo von Balthasar afirmava que o cristianismo tem uma forma, a Igreja tem uma forma: o amor. Se o amor não se apresenta, a Igreja não corresponde à beleza que a envolve e perde a sua credibilidade. Deixando de corresponder ao belo – que é Cristo, e Cristo misericordiosa e misteriosamente dado em sacrifício de amor, ela não adquire a forma, o formato que a constitui sacramento da vida e da salvação para o mundo. A forma, quando possui a Igreja, faz resplandecer nela a glória do amor, o ser humano vivo, libertado e redimido. A Igreja samaritana nasce do encontro com Cristo, com a Palavra libertadora que sai da boca de Deus. Ungida pela Eucaristia, a Igreja torna-se portadora da misericórdia que cura. A Igreja sabe que a luz que transmite é a luz do Senhor, por isso só se constitui *lumen gentium* [luz dos povos] à medida que se faz serva do Amor.

A Igreja samaritana é sustentada pela *mística – experiência de Deus*: nós só vamos a Cristo porque Ele veio primeiro até nós. A mística nos enche do dom da gratuidade. O místico sabe, por experiência própria, que ele só sobe o

Monte Tabor porque Deus o chamou à intimidade. O místico é a pessoa da experiência do encontro: "para nós não pode ser a mesma coisa estar com Cristo e não estar, ouvir a Cristo e não ouvir, caminhar com Ele e não caminhar" (EG). Em Cristo, sentindo-se amado e salvo por Ele, o místico é uma testemunha crédivel do amor de Deus.

Ao encontrar-se com Cristo, o místico percebe que Jesus deu a vida por ele, que o ama apesar e para além das suas fraquezas. O místico, aquele que reconhece que o Evangelho é fonte de alegria, sabe que foi salvo por Jesus. Esse sentir-se salvo, sem nenhum merecimento, salvo quando ainda era pecador, faz do místico uma pessoa da solidariedade.

A luta do místico, de quem faz uma experiência de Deus, não é com um demônio de chifres e rabo, mas é um confronto à luz do mistério de Cristo, onde resplandece a nossa verdadeira humanidade, que está escondida nele (GS 22).

Um operário da messe, que trabalha, sem a experiência do encontro com Cristo, sem a escuta da Palavra, não será capaz de servir autenticamente a causa do Evangelho. Pode ser um ótimo funcionário da vinha do Senhor, mas nunca será filho no Filho, nunca será palavra de compaixão. E ao executar suas tarefas, milimetricamente calculadas, pode até matar o Filho do dono da vinha (do Pai), por não conhecer que Ele é amor. Não nos esqueçamos que os maiores zelosos da lei são, muitas vezes, os maiores algozes dos irmãos. É só observarmos o Apóstolo Paulo que, ao encontrar-se com Cristo, passou de perseguidor dos cristãos, a anunciador do Evangelho da graça, da misericórdia.

Segundo a *Evangelii Gaudium*, "*nós não fazemos missão, nós somos uma missão neste mundo*". Quem se esquece disso, pensa ser dono da própria vida; esquece que está aqui por um motivo especial e que não deve passar por esta terra em vão.

Ao dizer que somos uma missão, o Papa Francisco nos orienta a sair da esfera do puro fazer para a esfera do ser. O fazer e o ser não deveriam viver dissociados. O importante não é programarmos muitos momentos missionários, mas vivermos em constante estado de missão. Ou seja, posso ser missionário indo para o trabalho, no leito de um hospital, visitando um doente, acolhendo na comunidade, servindo com amor, respeitando quem se aproxima da mesa da comunhão. Dizia Santa Teresinha: "Na Igreja quero ser o amor!"

O evangelizador com Espírito sabe que "o amor é fundamentalmente a única luz que ilumina um mundo às escuras e nos dá a coragem de viver e agir".

À luz do Espírito aprendemos que somos uma missão neste mundo. Fomos marcados a ferro e fogo por esta missão de iluminar, abençoar, vivificar, levantar, curar, libertar (EG 272-273).

Amadurecemos na fé sempre que nos deixamos modelar pela Palavra de Deus: "Toda a evangelização está fundada sobre esta Palavra escutada, meditada, vivida, celebrada e testemunhada. [...] É preciso formar-se continuamente na escuta da Palavra. A Igreja não evangeliza se não se deixa continuamente evangelizar" (EG 174)[13]. A Palavra nos forma para darmos uma resposta autêntica de fé.

A leitura constante da Palavra de Deus é condição para o nosso crescimento espiritual e o nosso comprometimento com a evangelização: "um amor que não sentisse a necessidade de falar da pessoa amada, de apresentá-la, de torná-la conhecida, que amor seria?" (EG 264).

No testemunho da Igreja os pobres nunca podem ser esquecidos. Na evangelização, "O querigma possui um conteúdo inevitavelmente social"[14]. A redenção tem um sentido social, porque não redime apenas a pessoa individual, mas também as relações pessoais entre os homens (EG 176-178). A proposta é o Reino, e tanto o anúncio como a experiência cristã tendem a provocar consequências sociais (EG 180). "Uma fé autêntica – que nunca é cômoda nem individualista – comporta sempre um profundo desejo de mudar o mundo, transmitir valores, deixar a terra um pouco melhor depois de nossa passagem por ela" (EG 183).

O lugar privilegiado dos pobres no Povo de Deus deve-se ao fato da encarnação: "Cristo, de rico se fez pobre" (2Cor 8,9); nasceu na periferia de um grande império; assumiu como missão sua anunciar a Boa-nova aos pobres" (Lc 4,18). A Igreja e os seus ministros devem ter amor constante pelos pobres, pois nosso Deus sempre os teve em primeiro lugar.

Dois princípios da Doutrina Social, presentes na *Evangelii Gaudium*, que devem determinar a nossa prática eclesial:

1) A unidade prevalece sobre o conflito: É preciso aceitar que entre nós existem diferenças. Devemos rezar estas diferenças, conversar sobre elas, mas

---

13 Enfatizar-se-á na *Evangelii Nuntiandi*: "[...] só está verdadeiramente qualificado para transmitir o Evangelho aquele que aceita ser, ele mesmo, evangelizado" (LIENHARD, 2004: 1.156).

14 "O decreto *Ad Gentes* do Vaticano II sublinhou bem que a evangelização tem consequências sociais, que o ser humano a evangelizar é sempre apanhado em situações sociais e econômicas concretas" (LIENHARD, 2004: 1.156).

depois investir tudo o que temos e somos em algo que seja comum. O conflito não pode prevalecer sobre a unidade.

Quando não somos maiores do que os problemas e as diferenças, nós nos perdemos. Jogamos fora o joio com o trigo e não conseguimos experimentar a ação do Espírito que separa e sabe oferecer a cada tempo o que a Igreja mais precisa.

Quando a unidade prevalece sobre o conflito, percebemos que todas as pessoas podem ajudar, até mesmo aquelas que pareciam não ter condição alguma.

2) O todo é superior à parte: a Igreja particular acontece nas paróquias, mas as paróquias não são "minidioceses". Assim também a paróquia acontece nas comunidades, mas as comunidades não são miniparóquias.

A Igreja só acontece nas comunidades quando estas não perdem o vínculo com o bispo e com o pároco – devidamente nomeado pelo bispo. Ninguém age na Igreja em seu nome, mas na força do Espírito que nos faz viver em comunhão, de acordo com a Palavra, a doutrina e a Tradição, bem como os pastores que nos conduzem (Magistério).

Mas então o que nos faz viver uma crise de falta de comunhão com um projeto comum, com normas comuns, chegando mesmo a pensar que as partes (as comunidades, as pessoas) são superiores às paróquias, as paróquias são superiores à diocese, as pessoas são mais importantes do que a comunidade? Hoje todo mundo quer ser protagonista. Às vezes protagonista de invenções tolas, mas de alguma forma quer ser reconhecido como o inventor, o artífice de algo. Todavia, num projeto comum, a parte nunca pode ser superior ao todo, a Igreja.

Nessa perspectiva, sublinho um trecho importantíssimo da *Evangelii Gaudium*:

> O triunfo cristão é sempre uma cruz, mas cruz que é simultaneamente estandarte de vitória, que se empunha com ternura batalhadora contra as investidas do mal. [...] Somos chamados a ser pessoas-cântaro para dar de beber aos outros. Às vezes o cântaro transforma-se numa pesada cruz, mas foi precisamente na cruz que o Senhor, trespassado, se nos entregou como fonte de água viva. Não deixemos que nos roubem a esperança. [...] Sentimos o desafio de descobrir e transmitir a mística de viver juntos, misturar-nos, encontrar-nos, dar o abraço, apoiar-nos, participar nesta maré um pouco caótica que pode transformar-se numa verdadeira experiência de fraternidade, numa caravana solidária, numa peregrinação sagrada. [...] Sair de si mesmo para se unir aos outros faz bem (EG 85-87).

3 A Igreja como sacramento da misericórdia divina[15] e do cuidado

No momento de maior angústia e doação de sua vida, já no alto da cruz, Jesus batiza e alimenta a Igreja que nascia com a água e o sangue que saíam do seu lado (Jo 19,33), para que seja a Igreja da paixão, da misericórdia. Não podemos esquecer que o sacrifício eucarístico é o sacrifício da cruz, é ele que nós recebemos na Eucaristia.

A Igreja que surge ao longo da vida de Jesus (PIÉ-NINOT, 2009: 521) poderia especificar o seu nascimento ao pé da cruz e a sua maturidade em Pentecostes (que segundo João não acontece após 50 dias, mas também com o mistério da morte do Senhor). Nascida no Calvário, a Igreja acolhe a cruz como o seu "útero" e o Crucificado como o seu genitor. Parturida pela entrega total do Salvador, ela nasce ligada "umbilicalmente" ao mistério da misericórdia. Tendo o cordão cortado pela morte do Senhor, ela receberá um novo elo que a unirá uma vez por todas ao mistério de Cristo – mistério de misericórdia, o Espírito Santo que voltou ao Pai e foi derramado sobre a Igreja, vínculo de perfeição e amor. Segundo João, o nascimento e a maturidade da Igreja se dão junto à cruz, pura obra de misericórdia.

Unida ao mistério da paixão-ressurreição, a Igreja assume "as dores e alegrias, as angústias e esperanças" (GS 1) dos homens e mulheres de todos os tempos, para proclamar ao mundo que ela é e só pode ser uma Igreja da misericórdia[16].

Oferecendo o mistério de Cristo à humanidade para que a mesma acolha em Cristo a sua verdadeira identidade (GS 22), a Igreja contribui para que todos os povos se encontrem no amor, para que todas as nações reconheçam que "eterna é a misericórdia do nosso Deus" (Sl 117). Apresentando o Cristo, ao dar-se num processo de colaboração com a humanidade, a Igreja mostra a sua íntima união com o mistério do seu Senhor, tornando-se também ela "carne e

---

15 "A Igreja deve dar testemunho da misericórdia de Deus revelada em Cristo, ao longo de toda a sua missão de Messias, professando-a em primeiro lugar como verdade salvífica de fé e necessária para uma vida coerente com a fé; depois procurando introduzi-la e encarná-la na vida tanto dos fiéis como, na medida do possível, na de todos os homens de boa vontade" (DM 12).

16 "A Igreja vive vida autêntica quando *professa e proclama a misericórdia*, o mais admirável atributo do Criador e do Redentor, e quando aproxima os homens das fontes da misericórdia do Salvador, das quais ela é depositária e dispensadora. [...] Em todas as fases da história, mas especialmente na época atual, a Igreja deve considerar como um dos seus principais deveres *proclamar e introduzir na vida* o mistério da misericórdia, revelado no mais alto grau em Jesus Cristo" (DM 13-14).

sangue" oferecidos em favor da vida e da norma estruturante de toda verdadeira prática eclesial – a misericórdia[17].

A Igreja sabe que para ser feliz em sua missão precisa cumprir as bem-aventuranças evangélicas sendo pobre, sofredora por causa do Reino, mansa, tendo fome e sede de justiça, misericordiosa, pura, pacífica, perseguida por causa da justiça. Só no horizonte das bem-aventuranças é que ela se torna sal da terra e luz do mundo (Mt 5,3-16). É somente movida por esses princípios que ela entende que Jesus não veio abolir a Lei, mas dar-lhe pleno cumprimento, convidando os seus discípulos a terem uma justiça maior que a dos escribas e fariseus (Mt 5,17-20). Uma justiça maior só pode ser exercida à luz de uma exigência maior, a da misericórdia, que sabe sofrer por todos, buscando a salvação de todos (Mt 5,21-22).

Nascida e amadurecida à luz da paixão do Senhor, a Igreja tem consciência de que toda a sua estrutura, doutrina e normas, enfim, tudo o que ela é, deve estar a serviço do cuidado da vida, para que na humanidade resplandeça a glória de Deus.

Jesus morreu na cruz a fim de que o mundo não tivesse mais vítimas. Ele instituiu a sua Igreja para que ajudasse nesse processo de des-crucificar as vítimas. Vinculada ao Senhor da paixão pelos laços do Espírito, a Igreja prova a sua doce misericórdia na medida em que vive crucificada para o mundo, a fim de experimentar o poder de Deus que é clemência, piedade, compaixão e perdão.

Um ministro, um líder cristão que não levar a sério a misericórdia não entrará em comunhão com o seu Deus. As Sagradas Escrituras afirmam que só os que amam conhecem a Deus.

4 Chamados a dar razões da nossa esperança e fé

Muitos tentaram mostrar como nós devemos dar razões da esperança que habita o nosso ser pela fé. Ao longo da história, a forma mais consagrada foi um "dar razões" de forma conceitual, intelectual, traduzindo a fé por meio de verdades bem-estruturadas. Todo um esforço para demonstrar que a fé não contradiz a razão e que a razão está a serviço da fé. Que as duas são as asas pelas quais os seres humanos chegam ao autêntico conhecimento. Esta maneira de dar razões da nossa esperança, fé, perpetuou-se até nossos dias.

---

17 "Em perfeita consonância com a tradição judaica, o Novo Testamento também deduz a consequência, no plano do comportamento humano, da revelação da misericórdia divina, no sentido "descendente" (sede generosos como vosso Pai é generoso: Lc 6,36) como no sentido 'ascendente' [felizes os misericordiosos, eles alcançarão misericórdia: Mt 5,7]" (CERBELAUD, 2004: 1.151).

A partir do século III, com o surgimento das primeiras heresias, ela foi necessária. Com o passar dos séculos, a argumentação da fé foi ganhando contornos diversos e reforçada a partir da cisão entre a Igreja Católica e a Ortodoxa (ocidental e oriental, 1054), com a colaboração de Santo Anselmo (1033-1109, para quem todas as verdades cristãs eram filosoficamente demonstráveis), e depois, com a Contrarreforma (séc. XVI – para opor-se às teorias de Lutero).

Mas no começo da Igreja as razões da nossa esperança e fé eram dadas mais pelo testemunho do que pelas palavras, mais pelo martírio do que pelo discurso. Mesmo o contexto da Carta de Pedro onde se fala do "dar razões" é um contexto testemunhal: "é melhor sofrer fazendo o bem do que sofrer fazendo o mal" (1Pd 3,17).

A Primeira Carta de Pedro é uma exortação à santidade, ao amor, à perseverança no bem e na justiça, à luta contra o pecado, um apelo à virtude, para que haja alegria nas perseguições, uma motivação para estarmos dispostos a sofrer por causa do Evangelho e dos irmãos. Enfim, é um dar razões com "mansidão e respeito", com coragem e esperança, com vigilância e sobriedade, dispostos a sofrer pelo bem. Todo o saber que a fé promove é em vista do amor. A fé que sabe é a fé que ama.

"Estejam sempre preparados para responder a qualquer um que lhes pedir a razão da esperança que há em vocês" (1Pd 3,15), com mansidão e respeito, dispostos a sofrer pelo bem, amando sem cessar.

Pié-Ninot, um teólogo da área de teologia fundamental, traz um grande esclarecimento sobre a fé que precisa "dar razões da sua esperança" (1Pd 3,15) ou a "fé que precisa compreender" (PIÉ-NINOT, 2009: 179ss.). Ele afirma que houve um tremendo equívoco na tradução latina de um famoso texto bíblico de Is 7,9: "Se não crerdes, não compreendereis".

Na verdade, o texto de Isaías não diz isso. Ninot afirma que *aman*, que dá origem ao nosso amém, não tem nada a ver com compreender, mas com estabilidade – fidelidade. Ou seja, "se não crerdes, não sereis fiéis, ou não sereis estáveis"[18].

Nesse sentido, a fé não estaria muito vinculada a uma compreensão ou a um saber racional, assim como ajudou a perpetuar Santo Anselmo num de seus famosos axiomas: *fides quaerens intellectum* (a fé quer ou deseja conhecer). Na verdade, a fé deseja ser fiel, a fé deseja amar; a fé deseja saber sim, mas saber o que é o amor. A fé quer conhecer o que significa aquele amor que nos leva a dar

---

18 *Bíblia do peregrino*. São Paulo: Paulus, 2002.

a vida pelo outro. A fé deseja o amor, assim como a amada busca pelo amado: *fides quaerens amoris*! (a fé quer amar, reclama amor). É no amor e pelo amor que a fé encontra o seu porto seguro, a sua estabilidade, conseguindo suportar as dúvidas e inquietações, o silêncio divino e a incompreensão do mistério de Deus e da vida.

Se não for para amar, por que servir o altar, a mesa da partilha, por que conhecer o sentido dos dogmas, da doutrina? E se procura dar razões da sua esperança, a fé o faz não tanto por meio de conceitos, mas através de uma adesão ao Evangelho, a Cristo. A fé quer saber, mas não com a eloquência dos doutos, assim como afirmava o Apóstolo Paulo (1Cor 1,18-31). A fé quer a sabedoria da cruz, da entrega, da compaixão.

É verdade que a fé também pede para ser formulada em termos lógico-racionais. Mas ela não pode parar por aí. Se assim fosse, ela deixaria de ser o fundamento das coisas que não vemos, para tornar-se serva das nossas conceituações. Ela passaria a ser um objeto que manipulamos e não mais uma luz que nos guia.

A inteligência da fé é e sempre será necessária; contudo, o que torna a nossa fé digna de ser acreditada por outros não é a argumentação, mas o testemunho do amor: "Nisto reconhecerão que sois meus discípulos, se vos amardes uns aos outros" (Jo 13,19).

No *motu proprio Porta Fidei*, uma carta que o Papa Bento XVI escreveu para nos preparar para o então ano da fé, ele mencionou várias vezes a relação que a fé tem com o amor. No n. 6 mostra que a fé é convite para uma autêntica e renovada conversão e finaliza relembrando o seguinte: "a fé atua pelo amor" (Gl 5,6). No n. 7 afirma que *a* fé cresce na medida em que reconhecemos que o amor de Cristo nos impele. E no n. 15 apresenta uma belíssima expressão: "a fé sem a caridade não dá fruto, e a caridade sem a fé seria um sentimento constantemente à mercê da dúvida. Fé e caridade reclamam-se mutuamente [...]".

Como Igreja, precisamos incorporar o Espírito evangélico do serviço e da verdadeira prática religiosa, desprovida da hipocrisia e da ideologia do poder. Nas nossas comunidades às vezes competimos como se fôssemos estranhos uns dos outros; disputamos e nos ferimos por inveja e busca de prestígio.

Nesse novo milênio, se quisermos que a nossa fé seja credível, digna de ser respeitada e aceita, precisamos conciliar o nosso discurso com a nossa prática, especialmente no que se refere ao amor e à solidariedade humana[19].

---

19 A coerência entre aquilo que se crê e a vida diária é lembrada por Dom Fisichella, uma vez que vivemos em uma época em que os modelos e exemplos a seguir são cada dia mais necessários.

Quem percorrer este caminho de fé até o coração de Deus vai descobrir a ciência do amor: um saber mais elevado, pois não empenha apenas a cabeça, o racional, mas todo o nosso ser. Ao final, essa pessoa certamente poderá dizer com São João da Cruz: "Na adega do Amado meu, bebi; quando saí esqueci quem eu era, voltei por outro caminho!"

Para servir o Senhor eucarístico é preciso encontrar o novo caminho. A liderança religiosa, um ministro, deve ser alguém que foi encontrado por Cristo e que se deixou modelar por Ele a fim de ser sua testemunha. Servindo a mesa do Amor, o ministro deve ser capaz de fazer a seguinte profissão de fé: bebi na adega do Amado, entrei pela biblioteca do seu coração, li com a sua misericórdia, me extasiei com o seu amor; então, esqueci quem eu era, vislumbrei um novo modo de ser depois que adquiri a ciência e a sabedoria da cruz; por fim, tomei um outro rumo, dado que tal conhecimento não permite que eu seja a mesma pessoa; tomei um novo rumo para dar razões da minha esperança eclesial, com uma fé que se sabe estável apenas no amor.

É hora de reconhecermos que a defesa testemunhal da fé supera e dá credibilidade à defesa argumental da fé. E não nos esqueçamos de que, no final, não precisaremos da esperança e da fé, mas só do amor, porque Deus é amor.

5 Instruções para o exercício do ministério extraordinário da Sagrada Comunhão

Estas orientações são sugestões e devem ser colocadas em prática em cada paróquia caso o pároco ou administrador paroquial as aprove. Decidi colocar no livro, pois, em várias paróquias onde ministrei curso para a formação dos ministros, os padres perguntavam se eu tinha alguma orientação prática que ajudasse no exercício cotidiano do ministério extraordinário da Sagrada Comunhão. Elas podem servir de base para que cada paróquia e comunidade estruturem outras normas com uma melhor formulação.

Segue nossa sugestão:

• *Escala e horário de chegada dos ministros*: que seja fixada em cada comunidade uma escala dos ministros, de tal sorte que todos se sintam envolvidos no serviço da comunidade. É preciso evitar que um mesmo ministro trabalhe

---

"Os jovens de hoje procuram seguir Alguém. Esse Alguém, com maiúscula, é Jesus Cristo, mas também é verdade que eles o seguirão com mais facilidade na medida em que seus discípulos forem críveis" (FISICHELA, 2012).

todos os domingos. Com isso, os ministros não estão dispensados da missa ou celebração da Palavra, porque existem ministros que só participam da celebração quando estão na escala – são os assim chamados "ministros de tabela".

Os ministros devem chegar ao menos 30 minutos antes de iniciar a celebração e preparar tudo, de tal sorte que, 15 minutos antes, já não exista mais ninguém transitando no presbitério ou carregando materiais. Esses 15 minutos antes do início da celebração são necessários para o recolhimento, ensaio de cantos, a fim de que as pessoas comecem a entrar no clima do mistério que celebrarão.

• *Arrumação do espaço litúrgico*: os ministros devem estar atentos para que se respeite a cor litúrgica de cada celebração e o tempo litúrgico.

Os ministros não devem complicar as coisas, mas simplificar. Se podemos colocar as partículas já separadas nas âmbulas, por que colocá-las em um cibório grande para depois dividi-las no altar? Deve-se favorecer a fluidez para que tudo aconteça com tranquilidade.

Não devem estar no presbitério mais do que dois ou três ministros. São eles também que prepararão tudo na capela do Santíssimo. Muita gente só complica e atrapalha. O conjunto dos ministros deve estar presente apenas na hora da distribuição da Eucaristia. A partir do Pai-nosso eles se aproximam do altar.

Os ministros não devem chamar a atenção para si, não devem inventar coisas, gestos, posturas que a liturgia não requer. Precisam aprender a escolher o caminho mais curto e nunca o mais complicado.

Quando os ministros vão buscar as hóstias na capela do Santíssimo, eles estão a serviço do altar. Desde o primeiro momento da liturgia, atuam em clima de adoração; por isso não há necessidade de realizarem adoração nesse momento.

Ao preparar as partículas e as galhetas tomem os seguintes cuidados: purificar o cálice antes de todas as missas, lavando-o com água e sabão neutro; não colocar para serem consagradas partículas que estão partidas ou com defeitos; observar de não permitir que pedaços de rolha ou outros pequenos objetos estejam depositados junto ao vinho que será consagrado.

• *O lugar dos ministros no presbitério*: os ministros devem se sentar sempre nas laterais do presbitério ou nos primeiros bancos de frente para o altar. Os acólitos ou coroinhas sentam-se ao lado do presidente, mas não muito perto.

Devem evitar passar de um lugar para outro transitando no presbitério. Se tudo foi bem-preparado antes de iniciar a celebração, não é necessário movimentar-se para nada. Mas se alguém passar diante do altar, deve fazer reverência. Contudo, se a Eucaristia já estiver sobre o altar, a pessoa que passar diante dele deve fazer genuflexão.

• *Sobre a hora de levar as espécies do pão e do vinho para o altar*: primeiro o cálice com a patena, pois sobre ele vai o corporal, e logo em seguida as âmbulas com as partículas. O padre não deve bendizer a Deus pelo pão sem que todas as partículas que serão consagradas estejam sobre o altar.

• *Quanto ao momento de tocar a campainha*: durante a consagração, caso se use a campainha, convém tocá-la apenas três vezes: 1) quando se invoca o Espírito Santo sobre as oferendas; 2) durante a elevação do pão; 3) durante a elevação do cálice com o vinho.

• *Sobre a hora de buscar as hóstias consagradas*: na missa buscam-se as hóstias consagradas durante o Pai-nosso ou imediatamente ao término da sua recitação. Na celebração da Palavra pode-se trazer a âmbula durante um canto de louvor ou também quando se reza o Pai-nosso.

Deixa-se tudo encaminhado antes de iniciar a missa para que, nesse momento, as coisas transcorram com agilidade, naturalidade e discrição.

As hóstias já consagradas nunca poderão ser colocadas sobre o altar antes da conclusão de toda a oração eucarística, ou seja, antes da doxologia.

• *O Cordeiro de Deus* deve ser rezado logo após o abraço da paz ou imediatamente após a oração pela paz, quando o padre começa a partir a hóstia grande. Os ministros ou o animador são os responsáveis por iniciar esta oração, com voz forte e sem medo.

Quando se reza o cordeiro, todas as hóstias já devem estar sobre o altar. Por isso, seria bom que as partículas consagradas fossem conduzidas ao altar durante o Pai-nosso. Não se deve rezar o cordeiro sem que todas as hóstias estejam sobre o altar, pois, apesar de serem muitas hóstias, é um único Cordeiro imolado.

• *Quanto à distribuição da Eucaristia*: os ministros devem lavar bem as mãos antes da celebração. Na hora da purificação eles apenas lavam as pontas dos dedos, mas nem esse gesto é necessário se as mãos forem bem higienizadas antes da celebração.

Se a comunhão for realizada sob as duas espécies, é bom ter o cuidado de não deixar cair nenhuma gota do sangue de Cristo. É por isso que todos os ministros devem ter em mãos um sanguinho, a fim de enxugar o recipiente ou as pontas dos dedos caso ocorra um incidente.

Ensinar para as pessoas que elas devem receber a hóstia com uma mão aberta (em forma de concha) e a outra pronta para segurar a hóstia. A comunhão sob as duas espécies nunca é colocada sobre as mãos de quem a recebe. A orientação da Sagrada Congregação para o Culto Divino é a de que a comunhão sob as duas espécies seja dada na boca. Todavia, o bispo local pode determinar outra forma.

Se algum fiel quiser receber a hóstia na boca ou de joelhos, ele tem esse direito segundo a Sagrada Congregação para o Culto Divino e ninguém deveria repreendê-lo (ainda que isso seja uma manifestação de um escrúpulo desnecessário, nós não temos o direito de julgar a consciência de ninguém).

Ao apresentar a hóstia para os fiéis não se deve dizer nada além de: o corpo de Cristo ou o corpo e o sangue de Cristo (quando for sob as duas espécies). Essa expressão é uma afirmação de fé. Cristo é um nome que foi acolhido após a ressurreição; sendo assim, é uma afirmação de fé: eu creio que Jesus, que morreu na cruz, ressuscitou, e Ele é o Senhor!

Um ministro deve distribuir a comunhão com um paramento apropriado e sem excessos que desviem a atenção dos fiéis.

Os ministros devem ajudar até que todos tenham recebido a comunhão. Quando a fila da comunhão de um ministro terminar, ele deve ajudar em outra fila, até que todos tenham comungado. Isso tudo deve ser feito com discrição, inteligência, desenvoltura, sem chamar a atenção da assembleia, sem mostrar que não se está preparado para exercer tal função.

• *Quanto ao modo de abrir e fechar o corporal*: deve-se observar as dobras, sem sacudir ou virar para baixo. Isso porque, depois da distribuição da comunhão, algum fragmento pode ficar no corporal vindo a cair sobre o altar ou no chão devido ao manuseio errado deste objeto sagrado.

• *Sobre o modo de lavar e purificar todos os paramentos eucarísticos*: o cálice deve ser lavado sempre: após o uso e antes de ser usado de novo. Os panos sagrados (manustérgio, sanguinho, corporal, pala) primeiro devem ser colocados numa vasilha com água. Essa água deve ser jogada numa planta. Só depois desse processo é que se deve lavar os panos com sabão.

• *Sobre a vela e o altar*: A vela do altar se acende antes de começar a missa e não depois do canto de abertura.

No centro do altar pode-se colocar um crucifixo e castiçais nas laterais. O crucifixo simboliza o sacrifício de Cristo que celebramos. Outros objetos e símbolos não devem ser postos sobre o altar.

• *Sobre a celebração da Palavra*: a celebração da Palavra é muito flexível. Preservando-se os seus aspectos fundamentais, sobretudo a valorização e meditação da Palavra de Deus, pode-se usar de bastante criatividade. O método da leitura orante e o ofício divino podem favorecer belíssimas celebrações.

Mas a missa não tem a mesma flexibilidade, por isso deve-se obedecer à sequência dos ritos. Isso não impede a criatividade, mas apenas determina uma lógica para que sigamos com atenção.

Caso a comunidade utilize o folheto das missas para a celebração da Palavra, depois das preces entoa-se um canto de louvor ou de bênção, buscam-se as partículas consagradas e passa-se para o Pai-nosso, seguido do abraço da paz e da comunhão. Durante a celebração da Palavra não se reza nenhuma parte da oração eucarística, nem o cordeiro. Caso a comunidade faça a apresentação dos dons, deve-se observar o que foi dito sobre o canto de apresentação das oferendas.

Na liturgia de cada domingo é importante descobrir o tema principal e valorizar apenas um ou dois momentos no máximo, explorando também não mais do que dois símbolos.

Os cantos com função ritual terminam logo que o rito acabar.

• *Adoração ao Santíssimo*: os documentos da Igreja nos ensinam que a adoração ao Santíssimo é uma obrigação de todo cristão. Adorar a Eucaristia é deixar que os efeitos da comunhão com Cristo se tornem vivos e atuantes em nós. Nossa vida deve ser uma constante adoração de louvor a Deus. Santo Tomás dizia que se recebêssemos a Eucaristia sem adorá-la, sem adorar Deus que nela se faz presente, nós pecaríamos. Para quem crê, é impossível receber Jesus sem adorá-lo. Toda celebração litúrgica é realizada em clima de adoração. Por isso, na celebração da Palavra evitem-se os momentos de adoração, dado que toda a celebração é uma adoração de louvor e de ação de graças. E não esqueçamos que a forma mais sublime de adorarmos Jesus durante a missa e a celebração da Palavra é recebê-lo na intimidade da comunhão, numa adoração silenciosa que une o nosso coração ao coração de Deus. O ato de comungar é, em si mesmo, um rito de adoração profundo, uma experiência que nos arrouba e nos arranca as palavras dando-nos a mais sublime contemplação do mistério de Deus.

• *Adoração ao Santíssimo como prática de espiritualidade e amor à Eucaristia*: o ministro não é um funcionário do altar, mas um fiel que orienta a sua vida para a comunhão com Cristo. Marcado pelo Senhor, o ministro reserva um tempo semanal para adorar, aproximar-se de Jesus, contemplando-o no sacrário como aquele que nos envolve para vivermos atitudes fraternas e misericordiosas. A adoração nos põe em sintonia com uma grande verdade: acolhemos o Senhor que habita o nosso ser misteriosamente e por compaixão. A atitude contemplativa que nasce da adoração ao Santíssimo nos ensina a sermos serenos, confiantes, "a ver Deus em tudo e ver tudo em Deus"!

• *Visita aos doentes*: o ministro, ao sair da igreja para ir até a casa do doente, deve escolher o caminho mais curto. Nunca pode parar pelo meio do caminho para conversar com outras pessoas ou parar na casa de alguém com a hóstia consagrada. Ou seja, após sair da igreja a única parada é a casa da pessoa enferma (isso para evitar a profanação da Sagrada Eucaristia). A família do doente deve ser avisada para preparar uma mesinha com uma vela acesa e um crucifixo. A Eucaristia é depositada nessa mesa sobre um pequeno corporal. O ministro realiza a celebração antes de distribuir a comunhão. Tal celebração consiste na saudação inicial, num breve ato penitencial, na escuta do Evangelho, na oração do Pai-nosso, na apresentação da Eucaristia para o doente (sem rezar o cordeiro, pois esse só se reza nas missas), numa oração final em favor do doente e o sinal da cruz. Lembramos que faz parte do exercício do ministério extraordinário da Sagrada Comunhão visitar os doentes. Só por um motivo muito justo algum ministro pode ficar sem exercer tal função.

• *Quando se busca a Eucaristia em outra comunidade*: procure-se evitar que esse trajeto seja realizado a pé, pois pode acontecer algum incidente.

• *Lembrete importante*: entre os seres humanos é comum existirem alguns conflitos; contudo, entre os ministros, as discussões e brigas devem ser resolvidas sem prejuízo para a comunidade, sem que todos saibam. Um ministro deve evitar, acima de tudo, falar dos outros. Não deve querer aparecer nem humilhar o colega. O ministro é alguém que deve ser reconhecido pela misericórdia, pela paciência, pelo zelo pela casa do Senhor, pela humildade e caridade para com os enfermos. Não se deve buscar a concorrência, mas a unidade e comunhão de coração. Jesus advertiu: "entre vós não deve ser assim. Quem quiser ser o maior, seja aquele que serve" (Mc 9,30-37).

• *Respeito ao pároco*: o padre tem o dever de ensinar, formar na fé. Às vezes nos apegamos a esse ou àquele padre, isso é normal. Todavia, o que devemos observar é se o padre ensina o que a Igreja pede em seus documentos. Se ele age assim, não importa se a nós é simpático ou não, mas se age conforme o que pede a santa mãe, a Igreja. Caso aconteça que o padre se equivoque em alguma orientação, que a caridade e a oração orientem a boa convivência. Afinal, ninguém sabe tudo. Ministro que fala mal do pároco provoca um tremendo mal-estar diante da comunidade e não deveria realizar essa missão.

6 Orações que nos fortalecem na missão

Oração ao Divino Espírito Santo

Papa Paulo VI

Ó Espírito Santo! Dai-me um coração grande, aberto à vossa silenciosa e forte palavra inspiradora; fechado a todas as ambições mesquinhas; alheio a qualquer desprezível competição humana. Um coração grande, desejoso de se tornar semelhante ao coração do Senhor Jesus. Um coração grande e forte, para amar a todos, para servir a todos, para sofrer por todos. Um coração grande e forte para superar todas as provações, todo tédio, todo cansaço, toda desilusão, toda ofensa. Um coração cuja felicidade é palpitar com o coração de Cristo e cumprir humilde e fielmente a vontade do Pai. Amém.

Oração de proteção

Senhor, no silêncio deste dia venho pedir-te força, sabedoria, paz. Quero olhar hoje o mundo com olhos cheios de amor; ser paciente, compreensivo, justo, equilibrado; quero ver, além das aparências, teus filhos, como Tu os vês, e, assim, só ver o bem em cada um. Cerra meus ouvidos a toda calúnia, guarda minha língua de toda maldade. Que só de concórdia viva o meu espírito. Seja eu tão bom e alegre que todos quantos se achegarem a mim sintam a tua presença. Reveste-me interiormente de tua beleza, Senhor, e que eu te revele a todos. Amém.

Oração para depois da comunhão

Tomás de Aquino

Dou-vos graças, Senhor santo, Pai onipotente, Deus eterno,
a Vós que, sem merecimento nenhum da minha parte,
mas por efeito de vossa misericórdia,
vos dignastes saciar-me, sendo eu pecador e vosso indigno servo,
com o corpo adorável e com o sangue precioso do vosso Filho,

nosso Senhor Jesus Cristo.

Eu vos peço que esta comunhão não me seja imputada como uma falta digna de castigo,

mas interceda eficazmente para alcançar o meu perdão;

seja a armadura da minha fé e o escudo da minha boa vontade;

livre-me dos meus vícios, apague os meus maus desejos, mortifique a minha concupiscência;

aumente em mim a caridade e a paciência, a humildade, a obediência e todas as virtudes;

sirva-me de firme defesa contra os embustes de todos os meus inimigos, tanto visíveis como invisíveis;

serene e regule perfeitamente todos os movimentos,

tanto da minha carne como do meu espírito;

una-me firmemente a Vós, que sois o único e verdadeiro Deus;

e seja, enfim, a feliz consumação do meu destino.

Dignai-vos, Senhor, eu vos suplico, conduzir-me, a mim pecador, a esse inefável festim,

onde, com o vosso Filho e o Espírito Santo,

sois para os vossos santos luz verdadeira, gozo pleno e alegria eterna,

cúmulo de delícias e felicidade perfeita.

Pelo mesmo Jesus Cristo, senhor nosso. Amém.

Oração ao Santíssimo Sacramento

Santo Afonso

Eis a que ponto chegou a vossa excessiva caridade, ó amantíssimo Jesus meu! Vós me preparastes um banquete divino da vossa carne e do vosso preciosíssimo sangue para vos dardes todo a mim. Quem pode impelir-vos a tais transportes de amor? Foi unicamente o vosso amorosíssimo coração. Ó coração adorável do meu Jesus, fornalha ardentíssima do divino amor, recebei na vossa sacratíssima chaga a minha alma, para que, nesta escola de caridade, eu aprenda a pagar com amor aquele amor, de que Deus me deu tão admiráveis provas. Assim seja.

Alma de Cristo

Santo Inácio de Loyola

Alma de Cristo, santificai-me.
Corpo de Cristo, salvai-me.
Sangue de Cristo, inebriai-me.
Água do lado de Cristo, lavai-me.
Paixão de Cristo, confortai-me.
Ó Bom Jesus, ouvi-me.
Dentro das vossas chagas, escondei-me.
Não permitais que eu me separe de Vós.

Do espírito maligno, defendei-me.
Na hora da morte, chamai-me.
E mandai-me ir para Vós.
Para que, com vossos santos, vos louve
Por todos os séculos dos séculos. Amém.

Tomai, Senhor

Santo Inácio de Loyola

Tomai, Senhor, e recebei toda a minha liberdade, a minha memória, o meu entendimento e toda a minha vontade. Tudo o que tenho e possuo Vós me destes com amor. Todos os dons que me destes, com gratidão, vos devolvo. Disponde deles, Senhor, segundo a vossa vontade. Dai-me somente o vosso amor, a vossa graça. Isso me basta, nada mais quero pedir.

Oração do ministro extraordinário da Sagrada Comunhão

Autor desconhecido

Senhor, a Igreja me confiou o ministério extraordinário da Sagrada Comunhão. Constituiu-me servidor da comunidade, em assembleia litúrgica, que compartilha a mesa fraternal da Comunhão, na consolação dos enfermos, anciãos e impedidos para que se fortaleçam com o Pão da Vida. Eu sei, Senhor, que é, em primeiro lugar, um serviço. Porém, intimamente, eu o descubro como uma honra: por meu intermédio, e através de minhas mãos, faço possível a comum-união de meus irmãos contigo, no sacramento do teu corpo e do teu sangue. Por isso, Senhor, consagro-te meus lábios que te anunciam, minhas mãos que te entregam; consagro-te meu ser, meu corpo e meu coração para ser tua testemunha leal. Não quero, Senhor, que minha vida seja um obstáculo entre meus irmãos e teu mistério. Quero ser uma ponte, quero ser como duas mãos estendidas... Peço tua ajuda, de modo que eu seja um cristão de verdade, um cristão ansioso por tua Palavra, uma pessoa de oração e de reflexão, um contemplativo de teus mistérios; um celebrante feliz de teus sacramentos e um servidor humilde de todos os meus irmãos. Que, quando eu disser "O corpo de Cristo", eu desapareça e se veja teu rosto. Amém.

Referências

Documentos

DD – JOÃO PAULO II. *Dies Domini* (31/05/1998).

DM – JOÃO PAULO II. *Dives in Misericordia* (30/11/1980).

Doc. 43 – CNBB. *Animação da vida litúrgica no Brasil*. São Paulo: Paulinas, 1989.

Doc. 52 – CNBB. *Orientações para a celebração da Palavra de Deus*. São Paulo: Paulinas, 1994.

Doc. 79 – CNBB. *A música litúrgica no Brasil*. São Paulo: Paulus, 1999.

DP – Documento de Puebla. Petrópolis: Vozes, 1983.

DV – Constituição dogmática *Dei Verbum* (18/11/1965).

EG – FRANCISCO. *Evangelii Gaudium* (24/11/2013).

LS – FRANCISCO. *Laudato Si'* (24/05/2015).

MV – FRANCISCO. *Misericordiae Vultus* (11/04/2015).

SC – Constituição dogmática *Sacrosanctum Concilium* (04/12/1963).

Estudos

BARONTO, L.E. (1999). *Curso de Atualização em Liturgia*. São Paulo: Pontifícia Universidade da Assunção [apostila do professor].

BARROS, M. & CARPANEDO, P. (1997). *Tempo para amar*: mística para viver o ano litúrgico. São Paulo: Paulus.

BELLOSO, J.M.R. (1999). "Tradição". In: *Dicionário de Conceitos Fundamentais do Cristianismo*. São Paulo: Paulus.

BOFF, C. (1978). *Teologia e prática*. Petrópolis: Vozes.

BOFF, L. (1975). "O pensar sacramental: sua estrutura e articulação". *Revista Eclesiástica Brasileira*, 139, set.

BORÓBIO, D. (1993). *A celebração na Igreja*. Vol. 2. São Paulo: Loyola.

BOST, H. (2004). "Tradição". In: LACOSTE, J.Y. (org.). *Dicionário Crítico de Teologia*. São Paulo: Paulinas/Loyola.

BUYST, I. (1987). *Celebração do domingo ao redor da Palavra de Deus*. Petrópolis: Vozes.

CANTALAMESSA, R. (1993). *O mistério da ceia*. Aparecida: Santuário.

CECHINATO, L. (1984). *Conheça melhor a Bíblia*. Petrópolis: Vozes.

CERBELAUD, D. (2004). "Misericórdia". In: *Dicionário Crítico de Teologia*. São Paulo: Loyola/Paulinas.

CHAUVET, L.-M. (1995). "A liturgia no seu espaço simbólico". *Concilium*, 2.

DARLAP, A. (1971). "Teologia fundamental da história da salvação". In: *Mysterium Salutis* I/1. Petrópolis: Vozes, 1971.

ECHARREN, R. (1990). "Una Iglesia de la misericordia". *Sal Terrae*, 3, mar.

FISICHELA, R. (2012). "A grandeza de crer". *L'Osservatore Romano*, 22/08/2012.

_____. (2007). *La Rivelazione: Evento de Credibilità* – Saggio di teologia fondamentale. Vol. II. 2. ed. Bolonha: Dehoniane.

FORTE, B. (1985). *A Igreja ícone da Trindade*: breve eclesiologia. São Paulo: Loyola.

FRADES, E. (2002). "La práctica de la misericordia de Jesús". *Revista de Teología Iter*, 29.

GRILLI, M. (2007). *Quale rapporto tra i due Testamenti?* Bolonha: Dehoniane.

GRUN, A. (2003). *Se quiser experimentar Deus*. Petrópolis: Vozes.

GY, P.-M. (2004a). "Ano litúrgico". In: *Dicionário Crítico de Teologia*. São Paulo: Loyola/Paulinas.

_____. (2004b). "Liturgia". In: *Dicionário Crítico de Teologia*. São Paulo: Loyola/ Paulinas.

HADDAD, A. (1985). *Eucaristia e compromisso social*. São Paulo: Loyola.

IZQUIERDO, C. (1997). "Uso della Tradizione nella teologia fondamentale". In: FISICHELLA, R. *La teologia fondamentale*: convergenze per il terzo millennio. Casale Monferrato: Piemme.

KAUFMANN, C. (1999). "Mística". In: *Dicionário de Conceitos Fundamentais do Cristianismo*. São Paulo: Paulus.

LATOURELLE, R. (1985). *Teologia da revelação*. São Paulo: Paulinas.

LIBÂNIO, J.B. (1992). *Teologia da revelação a partir da Modernidade*. São Paulo: Loyola.

LIENHARD, F. (2004). "Missão/Evangelização". In: *Dicionário Crítico de Teologia*. São Paulo: Loyola/Paulinas.

LIMA, J. (1982). *A Eucaristia que celebramos*. São Paulo: Paulinas.

LUTZ, G. (1986). *Liturgia*: a família de Deus em festa. São Paulo: Paulinas.

MARTIMORT, A.G. (1988). *Princípios da liturgia*: a Igreja em oração. Petrópolis: Vozes.

MATOS, H.C.J. (1997). "Uma espiritualidade de misericórdia". In: *Convergência*, 305, ano XXXII.

MELO, J.R. (2000). "A participação da assembleia dos fiéis na celebração eucarística ao longo da história: e-volução ou in-volução?" *Perspectiva Teológica*, 87.

PASTRO, C. (2008). *O Deus da beleza*. São Paulo: Paulinas.

PIÉ-NINOT, S. (2009). *La teología fundamental*. Salamanca: Secretariado Trinitario.

RAHNER, K. (1989). *Curso fundamental da fé*. São Paulo: Paulus.

RATZINGER, J. (2000). *La chiesa, Israele e le religioni del mondo*. Milão: San Paolo.

RAVASI, G. (1995). *Il racconto del cielo*: le storie, le idee, i personaggi dell'Antico Testamento. Segrate: Mondadori.

SÁNCHEZ, J.J. (1999). "Símbolo". In: *Dicionário de Conceitos Fundamentais do Cristianismo*. São Paulo: Paulus.

SORCI, P. (1992). "Mistério pascal". In: *Dicionário de Liturgia*. São Paulo: Paulinas.

VASQUEZ MORO, U. (1991). "Teologia e antropologia: aliança ou conflito?" *Perspectiva Teológica*, 60.

VERGOTE, A. (1971). "Gestos e ações simbólicas". *Concilium*, 2.

Von BALTHASAR, H.U. (2010). *Solo l'amore è credibile*. Milão: Jaca Book.

_____. (1974). "O Evento Cristo: Mysterium Paschale". *Mysterium Salutis*, vol III/6. Petrópolis: Vozes.

ZONTA, J.R. (2013). *Mística da cruz*: o itinerário da experiência de Deus. Belo Horizonte: O Lutador.

Roteiro de leitura da Bíblia

Frei Fernando Ventura

Esse livro não é mais um trabalho bíblico científico, mas sim uma proposta de percorrer o Antigo e Novo Testamento à luz de textos-chave contextualizados nas épocas históricas em que os autores dos 73 livros que compõem a Bíblia os escreveram.

A Bíblia, mais do que um livro, mais do que um "código" ou um conjunto de normas, é uma "vida". Uma vida feita de tudo isso de que a vida é feita: sonhos e ilusões, alegrias e esperanças, lágrimas e sorrisos, encontros e desencontros, luzes e sombras, mais todo o resto que a nossa imaginação e experiência pessoal forem capazes de encontrar.

Tratada durante muitos séculos quase como o "livro proibido", vivemos ainda hoje o tempo de "pagar a fatura" desse divórcio que nos afastou das nossas origens, pelo menos durante os últimos quatro séculos e que abriu a porta para todo o tipo de comportamentos desencarnados e desenraizados de uma vivência adulta e esclarecida da fé, porque, também durante muitíssimos anos, nos habituamos a beber nos "riachos", com medo de nos afogarmos na fonte. Não vai muito longe o tempo em que a Bíblia parecia ser o "livro proibido aos católicos".

A Bíblia, que é a história de um povo e da sua relação com Deus, contém elementos que universalizam, fazendo de cada homem um potencial destinatário, como o percurso de leitura aqui apresentado o demonstra, "apenas" exigindo de quem lê um grande espírito de liberdade e abertura para poder sentir em toda a sua amplitude o convite que lhe é feito para descobrir a sua própria relação com Deus no aqui e agora da vida. O *Roteiro de leitura da Bíblia* destina-se a crentes e não crentes e tem uma força própria que de algum modo desafia o leitor a questionar-se em muitos sentidos.

Frei Fernando Ventura nasceu em Matosinhos, Portugal. É licenciado em Teologia pela Universidade Católica Portuguesa e licenciado em Ciências Bíblicas pelo Pontifício Instituto Bíblico de Roma, tendo sido professor da Sagrada Escritura no Instituto Superior de Ciências Religiosas de Aveiro. No âmbito do movimento de difusão bíblica promoveu encontros de formação nos cinco continentes e colabora como tradutor e intérprete para vários organismos internacionais, entre os quais a Ordem dos Capuchinhos, a Comissão Teológica Internacional no Vaticano, o Conselho Internacional da Ordem Franciscana Secular, a Federação Bíblica Mundial e ainda algumas ONG. Tem publicado vários artigos de temática bíblica em Portugal e no estrangeiro, e é autor do primeiro estudo sobre Maria no islamismo bem como de um estudo exegético sobre o capítulo 21 do Apocalipse.

CULTURAL

Administração
Antropologia
Biografias
Comunicação
Dinâmicas e Jogos
Ecologia e Meio Ambiente
Educação e Pedagogia
Filosofia
História
Letras e Literatura
Obras de referência
Política
Psicologia
Saúde e Nutrição
Serviço Social e Trabalho
Sociologia

CATEQUÉTICO PASTORAL

Catequese
  Geral
  Crisma
  Primeira Eucaristia

Pastoral
  Geral
  Sacramental
  Familiar
  Social
  Ensino Religioso Escolar

TEOLÓGICO ESPIRITUAL

Biografias
Devocionários
Espiritualidade e Mística
Espiritualidade Mariana
Franciscanismo
Autoconhecimento
Liturgia
Obras de referência
Sagrada Escritura e Livros Apócrifos

Teologia
  Bíblica
  Histórica
  Prática
  Sistemática

REVISTAS

Concilium
Estudos Bíblicos
Grande Sinal
REB (Revista Eclesiástica Brasileira)
SEDOC (Serviço de Documentação)

VOZES NOBILIS

Uma linha editorial especial, com importantes autores, alto valor agregado e qualidade superior.

VOZES DE BOLSO

Obras clássicas de Ciências Humanas em formato de bolso.

PRODUTOS SAZONAIS

Folhinha do Sagrado Coração de Jesus
Calendário de mesa do Sagrado Coração de Jesus
Agenda do Sagrado Coração de Jesus
Almanaque Santo Antônio
Agendinha
Diário Vozes
Meditações para o dia a dia
Encontro diário com Deus
Guia Litúrgico

CADASTRE-SE
www.vozes.com.br

EDITORA VOZES LTDA.
Rua Frei Luís, 100 – Centro – Cep 25689-900 – Petrópolis, RJ
Tel.: (24) 2233-9000 – Fax: (24) 2231-4676 – E-mail: vendas@vozes.com.br

UNIDADES NO BRASIL: Belo Horizonte, MG – Brasília, DF – Campinas, SP – Cuiabá, MT
Curitiba, PR – Fortaleza, CE – Goiânia, GO – Juiz de Fora, MG
Manaus, AM – Petrópolis, RJ – Porto Alegre, RS – Recife, PE – Rio de Janeiro, RJ
Salvador, BA – São Paulo, SP